비판과 토론 닫힌 세상을 열다

비판과 토론 닫힌 세상을 열다

이한구 지음

㈜자음과모음

책머리에

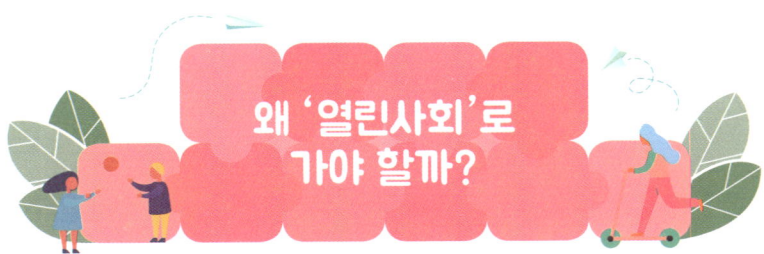

왜 '열린사회'로
가야 할까?

　여러분은 어떤 사회에서 살기를 원하나요? 거리가 깨끗한 사회, 시험이 없는 사회, 돈을 잘 벌 수 있는 사회, 맛있는 음식이 많은 사회 등 여러분이 생각하는 살기 좋은 사회가 있을 거예요. 사회라는 것은 사람들의 힘으로 만들어지는 공동체예요. 사람들이 어떤 생각을 갖고 실천하느냐에 따라 사회는 달라지죠.

　사람들이 만든 사회는 여러 종류가 있어요. 그중 대표적인 것이 닫힌사회와 열린사회예요. 이 중에서 우리가 진정으로 추구해야 할 사회는 열린사회예요. 열린사회는 개인의 자유와 인권을 존중하고, 정의로우며 인간다운 삶을 보장하는 사회랍니다.

　그럼 왜 열린사회로 가야 할까요? 우리는 누군가의 잘못에 의해 피해를 입었거나 좋지 않은 생각을 마음속에 담아 놓고 있을 때 이런 말을 종종 들어요. "꽁해 있지 말고, 마음을 좀 넓게 가져. 속 좁기는……. 마음을 좀 열어." 내 속을 들여다볼 수도 없는 노릇인데 마음을 넓게 가지라느니, 속이 좁다느니 영 알 수 없는 말을 합니다. 넓은 마음, 좁은 마음을 단어 그대로 해석하면 안 돼요. 자신과 다른 의견이 있더라도 언제든지 다른 의견을 받아들일 준비를 하고 남의 비판을 수용할 때 진짜 넓고 열린 마음을 가졌다고 볼 수 있죠. 그리고 자신에 대해 비판하는 말을 들은 후에는 잘못된 점을 개선해야만 발전하는 자아를 만들어 갈 수 있어요. 개인에게 열린 마음이 필요하듯이 우리가 살아가는 사회 공동체에도 열린사회가 필요합니다.

　우리는 이 책을 통해서 열린사회가 무엇이고, 열린사회로 나아가기 위해 우리가 해야 할 일이 무엇인지 알아볼 거예요.

이한구

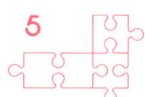

차례

책머리에
왜 '열린사회'로 가야 할까?   4

프롤로그
꿈을 이루기 위해 다니는 과학 학원, 재미있어요   15

1
닫힌 초등학교

우리 학교는 어떻게 되는 걸까?   25
새 교장 선생님만의 방식   34
정말로 닫힌 초등학교   43

철학자의 생각   49
즐거운 독서 퀴즈   56

2
열린 초등학교

지훈이를 만나다 61
우리 학교와는 다른 학교 65
지훈이 이야기 71

철학자의 생각 77
즐거운 독서 퀴즈 84

3 열린 학교와 그 방해자들

조금만 더 힘내자! **89**
성취도 평가 모의시험에서 일등, 그 후에는? **96**
누가 열린 학교를 가로막을까 **108**

철학자의 생각 **116**
즐거운 독서 퀴즈 **120**

이제 우리도 열린 학교

삶은 문제 해결의 연속　125
닫힌 초등학교의 몰락　132
열린 학교로 가는 길　141

철학자의 생각　151
즐거운 독서 퀴즈　156

에필로그
이제 학교생활이 즐거워질 거예요　160

등장인물

인정

로봇을 만드는 과학자가 되고픈 초등학생. 과학 학원에 다니며 즐거운 나날을 보내던 어느 날, 뉴스에서 학교별 환경 평가에 대한 소식을 보고 걱정을 하게 된다. 학생들 스스로 판단해서 공부하는 분위기를 만들어 주시던 교장 선생님이 떠나고 안 계셨기 때문. 하지만 이내 곧 새로운 교장 선생님이 오셨고, 그 분은 자신의 철저한 계획 아래 열심히 공부하라며 '학생들이 해야 할 일'을 잔뜩 내 주신다. 하루하루 그대로 하다 보니 지칠 대로 지치고 머리도 아픈 어느 날, 결국 학교 복도에서 쓰러지고 만다.

박권식 교장

인정이네 학교에 새로 오신 교장 선생님. 아이들 스스로 공부하게 하고 야외 활동도 많이 하던 이전 교장 선생님과 달리, 자신의 철저한 계획 아래 아이들이 열심히 공부하기를 바란다. 학교에 새로 부임하자마자 '학생들이 해야 할 일'을 잔뜩 내주고, 아이들을 감시의 눈초리로 지켜본다. 결국 아이들은 교장 선생님이 시키는 대로 하다 지쳐 버리고, 인정이가 복도에서 쓰러지는 일까지 발생한다. 이 모든 판단과 실행이 학교를 위해서라고 하는데, 그렇다고 정당한 것으로 인정받을 수 있을까.

인정이 아버지

피아니스트로 인정이가 훌륭한 바이올리니스트가 되기를 바랐지만, 인정이가 과학자를 꿈꾸자 그 결정을 존중해 준다. 평소 집안에서 가족과 함께 다양한 주제로 이야기를 나누는 다정한 아빠이기도 하다. 인정이 학교에 대해서도 관심을 갖고 자주 대화를 나눈다. 그러던 어느 날, 인정이가 새로 오신 교장 선생님의 요구대로 무리하다가 학교에서 쓰러지자 교장 선생님을 찾아간다. 교장 선생님과 올바른 교육 방향에 대해 토론을 벌이고, 결국 의견차를 좁히지 못한 채 돌아온다.

지훈

인정이네 학교에서 다른 학교로 전학 간 인정이 친구로 인정이와 함께 바이올린을 배우기도 했다. 어느 날 우연히 과학 학원에서 인정이를 만나 인정이네 집에 놀러 가게 된다. 둘은 함께 저녁 식사를 하며 학교에 대한 이야기를 나눈다. '학생들이 해야 할 일'을 많이 내 주고 자율 학습까지 강요하는 인정이네 교장 선생님과 달리, 학생들이 마음 편이 공부할 수 있도록 좋은 환경을 만들어 주는 교장 선생님이 운영하는 학교에 다닌다. 바이올린을 연주하고 싶지만 아빠가 바이올린 배우는 것보다 공부를 강요해서 고민에 빠졌다. 인정이네 가족과 함께 저녁 식사를 하게 된 후 아빠의 생각이 바뀐다.

인간다운 삶이 보장되는 열린사회를 창조하자
칼 포퍼

우리가 사는 공동체가 열린사회가 되어야 한다고 주장한 과학철학자. 1902년 7월 오스트리아의 빈에서 유태인의 아들로 태어나, 아버지의 영향으로 학구적인 가정환경에서 자랐다. 다양한 분야에 걸쳐 많은 공부를 했지만 주요 관심사는 과학철학이었다.

1934년에 『탐구의 논리』를 출간했고, 그 덕분에 영국의 여러 대학교에 초빙되어 강의를 하게 되었으며, 1937년에는 뉴질랜드의 켄터베리대학교에서 철학교수로 임명되었다. 이후 뉴질랜드로 이민을 가게 되었는데, 이는 히틀러에 의한 오스트리아 합병과 유태인 박해 때문이기도 했다. 제2차 세계대전 이후 영국으로 이주하여 런던대학교에서 논리학과 과학방법론을 가르치다가 1969년에 은퇴했다.

칼 포퍼는 과학철학자로서는 특이할 만큼 사회·정치적 문제에 민감했고, 이 방면에 있어서도 커다란 사상적 업적을 남겼다. 세계적인 철학자로 명성을 떨치게 된 것은 1945년에 출간한 『열린사회와 그 적들』이라는 저서 덕분이다. 그는 이 저서에서 인류의 역사를 열린사회와 닫힌사회의 투쟁의 역사로 해석하고, 우리는 인간다운 삶이 보장되는 열린사회를 창조해야 한다고 주장했다.

프롤로그

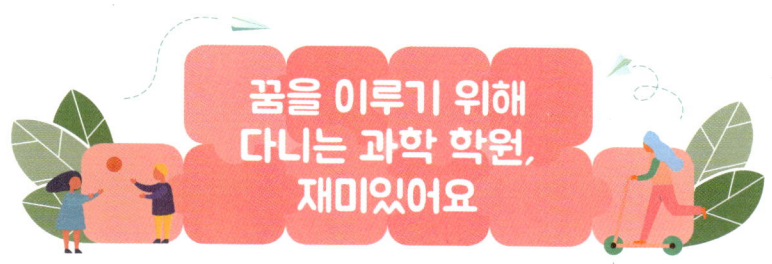

꿈을 이루기 위해 다니는 과학 학원, 재미있어요

    내 꿈은 로봇을 만드는 과학자가 되는 거예요. 작년까지만 해도 장래 희망을 쓰는 칸에 '바이올리니스트'라고 적었어요. 하지만 작년 봄, 로봇 박람회에 다녀온 뒤부터는 하고 싶은 일이 바뀌었죠.

    로봇 박람회가 시작된 지는 꽤 오래되었다는데 그동안 왜 모르고 있었을까요? 그동안 박람회를 못 본 아쉬움을 달래기라도 하듯이 나는 매일 로봇 박람회에 갔어요. 그러면서 로봇에 대한 관심이 점점 많아졌죠.

    박람회에는 정말 신기한 로봇이 많이 있었어요. 같은 일을 정확하게 반복할 수 있기 때문에 산업용으로 쓰이는 로봇, 유명한 댄스 가수의 춤을 비슷하게 따라 추는 로봇, 그리고 마치 애완용 강아지처럼 애교를 부리는 로봇까지 있었어요.

　나는 박람회장 벽에 붙은 '로봇의 발전과 우리의 생활'이라는 글을 보고 로봇을 만드는 과학자가 되기로 마음먹었어요. 아침에 일어나면 요리에 서툰 엄마 대신 맛있는 식사를 만들어 주고, 저녁에는 나와 농구를 하거나 컴퓨터 게임을 하는 로봇이 생긴다면 얼마나 좋을까요?

　과학자가 되겠다는 말을 듣고 부모님은 굉장히 아쉬워하셨어요. 피아니스트인 아버지와 첼리스트인 어머니는 내가 훌륭한 바이올리니스트가 되기를 바라시기 때문이에요. 물론 부모님의 강요에 의해 바이올린을 배웠던 것은 아니에요. 나는 다섯 살 때부터 바이올린을 좋아했고, 로봇 박람회에 가기 전까지 나의 꿈은 줄곧 바이올리니스트였으니까요. 며칠 동안 나는 부모님과 장래 희망에 대해 이야기를 나누었고, 부모님은 내 결정을 존중해 주기로 하셨어요. 또 부모님은 학교에서 배우는 과학뿐만 아니라 창의적인 과학을 배울 수 있는 학원에 보내 주셨어요. 부모님 덕분에 매일 재미있는 과학 수업을 들을 수 있어요. 특히 오늘 수업은 무척 기대가 돼요. 그래서 학원으로 가는 내내 가슴이 콩닥거렸어요.

드디어 수업 시간이 되었어요. 오늘 수업 시간에는 모터를 장착한 모형물을 만들기로 했어요. 일단 선생님의 설명을 들은 뒤에 나는 머릿속으로 상상해 둔 모형물을 만들기 시작했어요.

두어 시간을 애쓴 끝에 나는 롤러스케이트를 타는 로봇 모형을 만들었어요. 처음 만든 거라서 아주 근사하지는 않았지만 꽤 괜찮아 보였어요.

"어머, 멋지게 잘 만들었구나."

선생님이 내 로봇을 보고 칭찬하셨어요.

"정말이요? 제가 로봇을 좋아하거든요. 이건 롤러스케이트를 타는 로봇이에요."

"그래? 한번 움직여 보겠니?"

"네, 선생님."

내가 만든 로봇은 모양만 로봇이지 팔이 돌아가거나 다리가 구부러지지는 않았어요. 하지만 롤러스케이트를 열심히 만들어서 그런지 로봇이 넘어지지 않고 천천히 앞을 향해 움직였어요.

"정말 잘 만들었구나. 대부분 로봇은 자동차나 우주선 모형으로 만드는데 말이야. 나중에 로봇 박사가 되겠는걸.”

"헤헤."

나는 선생님의 칭찬에 그만 헤벌쭉 웃고 말았어요. 내 주변에 앉아 있던 몇몇 아이들이 내가 웃는 모습을 보고 킥킥거렸어요.

수업이 끝나고 롤러스케이트 타는 로봇을 조심스럽게 챙겨서 교실을 나섰어요. 얼른 집에 가서 부모님에게 보여 드려야겠다는 생각에 가슴이 설레었죠.

그때였어요.

'픽.'

교실 모퉁이를 돌다가 한 아이와 부딪혔어요. 다행히 로봇은 망가지지 않았지만 그 아이는 엉덩방아를 찧었어요.

"괜찮니?"

"응, 괜찮아."

그 아이는 금방 일어나서 바지를 털었어요.

"미안해. 딴 생각하느라 보지 못했어."

"아니야, 나도 딴 생각하다가 부딪힌걸 뭐."

넘어진 아이는 바지를 다 털었는지 고개를 들고 옷매무새를 단정히 했어요. 나는 그 아이의 얼굴을 보고 누군가와 정말 닮았다는 생각이 들었어요.

"너…… 혹시 지훈이 아니니?"

"어? 너 인정이 맞지?"

"야, 오랜만이야. 너도 여기 다녀?"

"응, 일주일 정도 됐어."

"너 다른 동네로 이사 갔잖아. 여기까지 오기는 좀 멀지 않아?"

"응, 한 50분쯤 걸려. 아빠가 굳이 이 학원에 다녀야 한다고 하셔서 그래."

"그렇구나."

오랜만에 지훈이를 만나서 반가웠어요. 작년에 전학을 간 뒤로는 한 번도 만나지 못했는데 학원에서 마주칠 줄을 몰랐어요.

"그 로봇 네가 만든 거니?"

"응, 방금 만들었어."

"재밌었겠다. 난 학교 시험에 나오는 과학만 배워서 별로 재미없는데……."

"너 원래 과학이라면 딱 질색이라고 했었잖아. 어쩐 일로 바이올린 연습은 안 하고 과학 수업을 들으러 왔어?"

"어, 그게……."

지훈이는 대답을 망설이더니 우울한 표정을 지었어요. 그때 지훈이의 핸드폰 벨이 울렸어요.

"네, 지금 내려갈게요."

부모님이 밖에서 지훈이를 기다리고 계시다가 전화를 한 모양이었어요.

"인정아, 너 핸드폰 있니?"

"응, 있어. 왜?"

"왜긴 왜야? 전화하려고 그러지."

"같은 수업을 듣는 건 아니지만 같은 학원에 다니니까 자주 만나자."

"난 일주일에 두 번만 학원에 와. 그래도 자주 문자 메시지 보내고, 전화도 할게."

"그래, 잘 가."

"너도 잘 가."

나는 지훈이와 헤어져 돌아오는 길에 몇 가지 궁금한 점이 생겼어요. 지훈이는 왜 일주일에 두 번씩이나 과학을 배우러 다닐까요? 그것도 50분씩이나 걸리는 학원으로 말이지요. 지훈이는 저녁마다 바이올린 연습하느라 바쁠 텐데……. 학원에 오는 날은 바이올린을 만져 볼 시간도 없을 것 같아요.

나는 지훈이의 표정을 떠올리며 집 안으로 들어섰어요. 집 안 가득 된장찌개 냄새가 퍼져 있었어요. 나는 저녁 먹을 생각에 잠깐 지훈이를 잊고 서둘러 부엌으로 들어갔어요.

아름다운 세상을 만들려는 꿈에 유혹돼
지금 여기에서 고통 받는 사람의 목소리를
외면해서는 안 된다.
_ 칼 포퍼

1

닫힌 초등학교

저녁 식사를 마치고
텔레비전을 보는데 뉴스에서 학교별
환경 평가에 대한 소식이 나왔어요.
우리 학교는 교장 선생님이 안 계신데
어떻게 해야 할지 걱정이 되었죠. 교장 선생님은
모든 일을 우리 스스로 하게 해 주셨는데,
그것 때문에 학교를 떠나야 했어요.
이제 새로운 교장 선생님이 오신다는데
우리 학교는 어떻게 될까요?

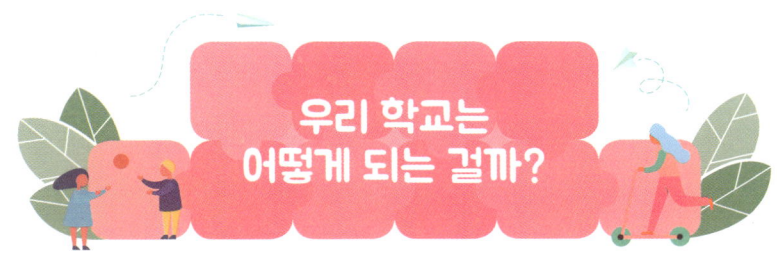

우리 학교는 어떻게 되는 걸까?

옷을 갈아입자마자 부엌으로 갔더니 때마침 된장찌개가 식탁 위에 놓이는 순간이었어요. 나는 군침을 꿀꺽 삼키고 자리에 앉았어요.

"박인정, 너 손은 씻고 왔니?"

아참! 너무 배가 고픈 나머지 손 씻는 걸 깜빡했네요. 오늘도 엄마의 잔소리가 이어질 것 같아요.

"아, 아뇨."

"우리 인정이는 정말 대단한 아이야. 매일 저녁마다 잔소리를 들으면서도 고칠 생각을 안 하니 말이야. 얼른 손 씻고 와."

"네."

나는 엄마의 눈치를 슬쩍 보다가 얼른 싱크대에서 손을 씻고 자리에 앉았어요.

"박인정! 너……."

"엄마, 오늘만 봐주세요. 저 정말 배고파서 쓰러질 거 같아요. 하나뿐인 아들이 손 씻으러 욕실까지 가다가 배가 고파서 쓰러지면 엄마 가슴이 얼마나 아프시겠어요."

"뭐라고?"

"하하하, 참 대단해요. 어떻게 매일 저녁 똑같은 말이 오가냐? 똑같은 내용의 드라마를 매일 저녁마다 보는 기분이야."

"하하하."

우리 가족의 웃음소리로 저녁 식사가 시작되고 나는 엄마가 정성껏 준비한 음식을 맛있게 먹었어요. 배가 서서히 불러 오면서 나는 잠깐 잊고 있었던 지훈이 생각이 났어요.

"엄마, 아까 학원에서 지훈이를 만났어요."

"지훈이? 너랑 바이올린 연습했던 그 친구 말이니?"

"네, 작년에 전학 간 뒤로 한 번도 만나지 못했는데 학원 복도에서 우연히 마주쳤어요."

"바이올린 연습하기도 바쁠 텐데 과학 학원에는 어쩐 일이라니?"

"그러게 말이에요."

"그 녀석 공부도 곧잘 한다고 하던데 만능이 되려고 그러는가 보네."

"아빠도 지훈이를 아세요?"

"그럼, 콩쿠르에서 본 적 있잖아. 지훈이네 아버지랑 얘기도 나누었는걸. 지훈이네 아버지는 지훈이가 바이올린 연주하는 것을 별로 탐탁지 않게 여기시던데."

나는 아빠의 이야기을 듣고 나서 지훈이가 조금 걱정됐어요. 내가 과학 학원에 다니는 이유를 묻자 지훈이의 표정이 흐려졌던 것 같은데 혹시 지훈이네 아버지 때문은 아닐까요? 설마 지훈이 아버지는 지훈이가 바이올린을 켜지 못하게 하시는 건 아니겠지요?

식사를 마치고 우리 가족은 거실에서 과일을 먹었어요. 뉴스가 시작됐고 우리 가족은 뉴스를 보면서 이런저런 이야기를 나누고 있었어요.

다음 소식입니다. 교육부는 오는 27일 교육 여건 향상을 위한 학교별 환경 평가를 실시할 예정이라고 합니다. 학교별 환경 평가는 여러 항목별 점수를 합산하여 평균을 낸 뒤에 점수를 공개하며 우수 학교에 해당하는 학교는 교육 지원비를 받게 됩니다. 평가 항목으로는 학업 성취도 평가, 학교 시설 및 위생 상태, 이사회 및 학부모회의 활성화 정도, 학생 자치회의 운영 실태, 학교 내 설문 조사 결과 등이 있습니다.
　　다음 소식은…….

　　뉴스를 보며 한참 이야기를 하던 우리 가족은 학교별 환경 평가에 대한 소식을 듣고는 아무 말도 하지 못했어요. 하필이면 이런 때에 학교별 환경 평가라니요? 나는 새삼 우리 학교는 어떻게 하나 걱정이 되었어요. 지금 우리 학교에는 교장 선생님이 안 계시거든요. 교장 선생님은 며칠 전부터 나오지 않으셨어요. 그래서 교감 선생님이 무척 바쁘세요. 나는 교장 선생님이 학교에 나오지 않으시는 이유를 자세히는 몰라요. 부모님 말씀으로는 학생들을 너무 풀어 줘서 학교가 엉망이 됐기 때문이래요.

교장 선생님은 우리에게 '공부해라, 청소해라.' 이런 말씀을 하신 적이 없어요. 모든 일을 우리 스스로 하게 만들었거든요. 우리 학교는 교육청에서 치르라고 하는 시험 외에는 시험을 보지 않았어요. 교장 선생님이 공부는 머리로만 하는 게 아니고 온몸을 이용해야 한다고 하셔서 우리는 학교 뒷산에서 야외 수업을 하고 근처 야외 학습장에도 자주 갔어요. 친구들끼리 경쟁을 부추기는 시험은 보지 않았어요. 그리고 숙제도 없었어요.

나는 심심하면서 불안할 때가 많았어요. 학원에 가면 다른 학교 친구들은 시험이 코앞이라고 하면서 열심히 공부하거든요. 그런데 나는 그 친구들처럼 공부를 안 하니까 중학교에 들어가면 내 성적이 뒤처질 수도 있겠다는 생각이 들었어요. 우리 학교 교장 선생님은 학생들에게 너무 관심이 없는 게 아닌가 하는 생각도 들었죠.

결국 교장 선생님에 대한 불만이 교육청 홈페이지 민원 게시판에 올라갔고, 교육청에서 일하는 분들이 학교에 와서 이것저것 조사를 하셨어요. 그리고 며칠 뒤에 교장 선생님은 짤막한 인사를 남기고 학교를 떠나셨어요.

"인정아. 너희 학교는 지금 교장 선생님도 안 계신데 학교별 환경 평가는 제대로 받겠니?"

"아니에요. 내일 새로운 교장 선생님이 오신다고 했어요."

"그래도 오신지 얼마 안 되는 분이 학교 사정을 잘 알겠니?"

"학생들이랑 선생님들이 잘해 나가면 되지. 잠시 교장 선생님의 빈자리가 있었다고 큰 문제라도 생기겠어? 그리고 새로운 교장 선생님도 잘하시겠지."

아빠는 엄마의 질문에 시무룩해져 있던 나를 보며 등을 토닥거려 주셨어요. 그리고 떠나신 교장 선생님 소식을 들었다면서 말씀하셨어요.

"그 교장 선생님이 어느 시골에 가서 작은 대안 학교를 세우셨다는 얘기를 들었는데 말이야. 여전히 교육자로서 열정은 가지고 계신 분 같아. 하지만 현실에 맞지 않는 교육 철학을 어떻게든 펼치려고 하시니……. 학생들에게 너무 많은 자유를 주시잖아. 나쁜 건 아닌데, 아빠 생각에는 사회에 법이 있듯이 학생들에게도 적절한 통제가 필요하다고 봐."

"맞아요, 여보. 자식을 키울 때도 본인 알아서 하게 가만히 내버려 둘 수만은 없는데, 학교 교육이야 오죽하겠어요. 새 교장 선생님이 어떤 분일지 궁금하네요. 제발 훌륭한 분이 오셔서 얼른 학교를 제자리로 돌려놔야 할 텐데…….”

"이번에 오시는 교장 선생님이 아주 실력 있는 분이라고 소문이 났으니까 학교는 곧 좋아질 거요."

"그래야죠. 실력 있는 분이라고 하니까 인정이가 다니는 학교도 우수 학교로 선정되었으면 좋겠네요."

"그렇게까지 욕심을 내지 않더라도 이전보다는 많이 나아지겠지요."

"인정아, 내일 아침 조회에 늦지 않으려면 얼른 씻고 일찍 자. 새 교장 선생님을 만나는 날인데 지각하면 큰일이잖니?"

"네, 알겠어요."

나는 얼른 씻고 침대에 누웠어요. 엄마 말씀대로 첫날부터 지각하는 모습을 보여 드릴 수는 없지요. 나는 새 교장 선생님이 어떤 분이실까 상상하다가 잠이 들었어요.

다음 날이 되었어요. 평소에 아침잠이 많아 지각하기 일쑤였는데 오늘 아침에는 웬일인지 금방 눈이 떠졌어요. 나는 새 교장 선생님 모습을 머릿속에 그려 보면서 등교했어요.

학교 가는 길에 철민이를 만났어요. 철민이는 정말 신기하다는 듯이 내 얼굴을 쳐다봤어요.

"야, 네가 이 시간에 학교를 가고 있다니 진짜 신기한 일이다. 그동안 내 소원이 친한 친구와 함께 등교 한번 해 보는 거였는데, 드디어 소원을 이루었구나. 인정아, 정말 고맙다."

"그래. 내가 생각해도 나 자신이 좀 신기했어. 새 교장 선생님이 궁금해서 그런지 눈이 번쩍 뜨이더라고."

"아마도 새 교장 선생님은 훌륭한 분이실 거야. 늦잠꾸러기 학생도 깨워 주시고 말이야."

"야! 그만해라!"

"억울하면 지각하지 말던가. 크하하."

우리는 티격태격하면서 학교로 향했어요.

새 교장 선생님만의 방식

　기다리던 조회 시간이 되었어요. 담임 선생님이 교실에 있는 텔레비전을 켜셨어요. 선생님이 이리저리 버튼을 누르시자 방송실 모습이 화면에 나왔어요. 텔레비전을 조정하는 선생님은 조금 긴장하신 듯한 얼굴이었고, 아이들은 새 교장 선생님에 대한 궁금증으로 시끌벅적했어요.

　선생님이 떠들지 말라고 주의를 주셨어요. 하지만 반 아이들이 들떠서 그런지 소란스러운 분위기는 쉽게 가라앉지 않았어요.

　"얘들아, 우리 엄마가 새 교장 선생님을 봤는데, 정말 멋있게 생기셨대."

"정말? 그렇다고 해도 어차피 할아버지 선생님이잖아. 민지 너 할아버지 선생님도 좋다고 따라다닐 건 아니지?"

"새 교장 선생님이 멋지다는 얘기지, 내가 언제 따라다닌다고 했니?"

"너 잘생긴 선생님께 문자 메시지 보내고, 쉬는 시간마다 졸졸 쫓아다니는 거 좋아하잖아."

"내가 언제?"

"야, 민지 좀 그만 놀려. 민지 말대로 교장 선생님이 잘생겼으면 좋잖아. 안 그래?"

여자아이들의 대화를 듣고 나는 멋진 교장 선생님의 얼굴을 떠올려 보려고 했지만 쉽게 상상이 되지 않았어요. 그러나 곧 교장 선생님의 얼굴을 직접 보게 되었어요. 새 교장 선생님이 마이크 앞에 앉으시니까 화면에 얼굴이 가득 찼어요.

순간 시끌벅적한 분위기는 사라지고 아이들은 눈만 껌벅이며 교장 선생님을 바라보았어요. 한눈에 봐도 교장 선생님은 매우 무서운 분 같았어요. 웃지 않는 얼굴, 어떤 잘못도 용서하지 않을 것 같은 딱딱한 태도, 새 교장 선생님을 보자마자 느껴지는 분위기는 이런 것이었어요.

교실에 있는 친구들이 침묵을 지키고 있는 가운데 교장

선생님의 말씀이 시작되었어요.

"여러분, 만나서 대단히 반갑습니다. 나는 앞으로 이 학교를 우수한 학교로 이끌어 나갈 교장 박권식입니다."

교장 선생님이 간단한 소개를 마치자 선생님과 아이들은 박수를 쳤어요. 박수 소리가 멈추고 교장 선생님의 말씀이 이어졌어요.

"내가 이 학교에 오기 전에 있었던 여러 가지 문제들을 다들 잘 알고 있을 것입니다. 전에 계시던 교장 선생님께서 여러분에게 넘치는 자유를 주어서 여러분의 학력 수준은 점점 떨어지고 있고 학교 운영은 엉망이 되었어요. 이 학교의 수준은 모든 면에서 꼴등일 것이 분명합니다. 내가 이 학교에 온 이상 꼴등 학교가 되는 것은 받아들일 수 없습니다. 앞으로 저의 철저한 계획 아래 모두가 한마음으로 노력해서 우리 학교를 일등 학교로 만들어야 할 것입니다."

나는 교장 선생님의 말씀을 듣다가 '학교별 환경 평가'를 떠올렸어요. 새 교장 선생님은 우리 학교를 '학교별 환경 평가'에서 우수한 학교로 꼽힐 만한 학교로 만들겠다고 말씀하셨겠지요? 우리 학교가 우수한 학교가 되는 것은 찬성이지만 어쩐지 교장 선생님의 말씀을 듣고 겁이 났어요. 웃지 않는 교장 선생님 얼굴이 점점 더 무섭고 딱딱하게 느껴졌어요.

이후에도 꽤 오랫동안 교장 선생님의 말씀이 이어졌고, 굳어 있던 아이들의 긴장이 풀어질 때쯤 조회가 끝났어요. 담임 선생님이 텔레비전을 끄고는 주변을 정리하셨어요. 반 아이들은 텔레비전을 끄자마자 속닥거리기 시작했어요.

"야! 이민지! 새로 오시는 교장 선생님께서 멋지게 생기셨다고?"

"난 교장 선생님 얼굴 보고 완전히 주눅 들었어. 어쩜 그렇게 무섭게 생겼을까?"

"우리 엄마가 다른 사람을 봤나 봐. 엄마 말씀을 듣고 기대하고 있었는데……."

"얼굴보다 말씀하시는 게 더 무섭게 느껴지던데. 우리가 아무리 공부를 못한다고 해도 꼴등 학교라는 말은 너무 심하잖아."

"앞으로 많이 힘들어질 거 같아. 새로 오신 교장 선생님은 무조건 일등, 일등 하실 거 같지 않니?"

"그럴 거야, 아마."

"어휴."

반 아이들이 웅성거리는 사이 담임 선생님이 교실 앞 정리를 마치고 교탁 앞에 서 계셨어요. 아이들은 이야기를 멈추고 자리에 얌전히 앉았어요. 담임 선생님의 얼굴이 조회 시간에 본 교장 선생님의 얼굴 못지않게 무서워 보였거든요.

어찌된 일일까요? 담임 선생님은 인사를 하며 들어오셔서 밝은 표정으로 조회를 하곤 하셨는데 오늘은 평소와 너무나도 다른 모습이시네요.

"조회 시간에 새로 오신 교장 선생님 말씀 잘 들었지요? 앞으로 교장 선생님을 만나면 인사를 잘하고 교장 선생님 말씀을 잘 따르도록 합시다. 알겠죠?"

"네."

반 아이들이 씩씩한 목소리로 대답했어요. 담임 선생님은 목청을 가다듬고 다시 말씀하셨어요.

"이번 달 27일에 교육청에서 우리 학교가 얼마나 좋은 학교인지를 평가하러 올 거예요. 뉴스에서 '학교별 환경 평가'라고 하는 말을 들어 본 적 있나요?"

"네, 선생님. 우리들의 시험 점수랑 학교 시설이랑 여러 가지를 평가해서, 좋은 점수를 받은 학교가 우수 학교로 뽑히게 되는 거잖아요."

"맞아요. 인정이가 뉴스를 아주 잘 봤구나."

"와!"

담임 선생님의 말씀에 아이들이 탄성을 질렀어요. 나는 기분이 아주 우쭐했어요.

"여러분들도 우리 학교가 우수 학교로 선정된다면 좋겠죠? 그렇게 되려면 여러분들이 해야 할 일이 있어요. 자, 이건 여러분들이 '학교별 환경 평가' 전까지 해야 할 일과 가정 통신문이에요. 가정 통신문은 꼭 부모님께 전해 드리세요."

담임 선생님이 반 아이들에게 종이 두 장씩을 나누어 주셨어요. 나는 종이에 쓰여 있는 내용을 보고 가슴이 철렁 내

학생들이 해야 할 일

1. 수업 후 3시간씩 자율 학습(단, 학원에 다니는 학생은 수강 확인 후 제외)
2. 매주 총정리 문제집 한 권씩 풀기
3. 매일 학생 모두가 청소하며, 일주일에 한 번 대청소 실시
4. 모든 학생 자치 활동 모임은 결과물 제출

위 사항을 어길 시 벌점을 받게 됨.
벌점에 따라…….

려앉는 것 같았어요.

  담임 선생님이 주신 종이에는 우리들이 해야 할 일과 이를 어겼을 때 받게 될 처벌에 대해 적혀 있었어요. 뒷장에는 학부모에게 알리는 글이 있었는데 워낙 길게 쓰여 있어서 읽지는 못했어요.

  담임 선생님이 나가신 이후에도 한동안 아이들은 꼼짝하지 않고 종이만 뚫어져라 쳐다보고 있었어요. 1교시가 시작되고 나서야 종이를 가방에 넣고 앞으로 닥칠 시련에 담담해질 수 있었지요.

  아이들은 하루 종일 교장 선생님과 '학생들이 해야 할 일'에 대해 떠들었어요. 아이들 대부분은 새 교장 선생님에 대해 불만을 가졌어요. 하지만 일부 아이들은 교장 선생님을 믿고 따르면 좋아지지 않을까 하고 교장 선생님을 믿기도 했어요.

  나도 우리 학교가 우수 학교로 뽑히는 것은 아주 좋아요. 그렇지만 무서운 교장 선생님 아래에서 무조건 시키는 대로 해야 한다는 것은 마음에 들지 않았어요.

  정말 교장 선생님 말씀만 믿고 따르면 모든 것이 좋아질까요?

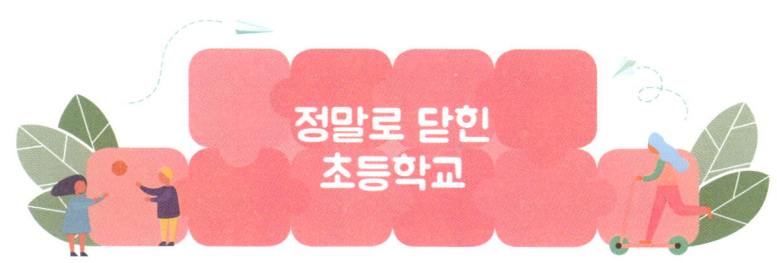

정말로 닫힌 초등학교

"다녀왔습니다."

"학교 잘 다녀왔니?"

"네."

"너 표정이 왜 그래? 학교에서 무슨 일 있었어?"

"네."

"정말? 무슨 일인데?"

궁금해하시는 엄마와 함께 거실로 들어섰어요. 힘없이 가방을 내려놓고 소파에 앉아 담임 선생님이 나눠 주신 종이를 꺼냈어요. 엄마는 가정 통신문을 읽으셨어요. 한참 동안 가정 통신문을 읽어 보시던 엄마가 놀란 목소리로 말씀하셨어요.

"정말 이걸 다 내일부터 할 거래?"

"네."

"너희 교장 선생님 정말 대단하시다. 새로 학교에 오셔서 적응하기도 힘드실 텐데 이런 걸 언제 다 계획하셨을까?"

"엄마, 지금 감탄하고 있을 때가 아니에요. 전 내일부터 어떻게 해야 할지 걱정이라고요."

못마땅한 목소리로 이야기하고 있는데, 초인종이 울렸어요. 아빠가 퇴근하신 모양이에요.

"다녀오셨어요?"

"오늘은 일찍 들어오네요? 회사에서 일찍 끝났어요?"

"몸이 으슬으슬 떨리는 게 감기가 올 거 같아서 일찍 끝내고 왔어요. 근데 거실 분위기가 왜 이렇게 썰렁해?"

"당신도 이것 좀 읽어 보세요."

"뭔데? 뭐 나쁜 소식이라도 있어요?"

"인정이가 가져온 가정 통신문인데 인정이네 새 교장 선생님이 여간 까다로우신 분이 아니에요."

"그래요? 어디 한번 봅시다."

가정 통신문을 읽어 보시던 아빠가 한참 만에 입을 여셨어요.

"음, 교장 선생님이 훌륭한 학교를 만들고자 하는 건 알 겠지만 너무 무리하게 일을 추진하시는데……."

"그렇죠? 학부모가 아이들이 먹을 간식이랑 문제집 몇 권 사는 건 크게 어렵지 않다고 해도 아이들이 버텨 낼 수 있겠어요? 공부는 자기가 하고 싶어서 해야 하는 거지 강제로 시킨다고 되는 게 아니잖아요."

"해야 할 일을 정리해 놓고 처벌 규정까지 세운 것을 보면 철저하게 하겠다는 건데 아이들에게 너무 무리이긴 하네요. 다른 학부모들도 반발이 심할 텐데……."

"교장 선생님이 이런 식으로 학교를 운영한다면 인정이네 학교는 닫힌사회가 되고 말 거예요. 안 그래요, 여보?"

엄마와 아빠의 대화를 들으며 궁금한 것이 생겼어요.

"엄마, 닫힌사회가 뭐예요?"

"응, 닫힌사회란 사회 전체를 하나로 보고, 그 전체를 위한 규칙과 제도를 절대적인 것으로 간주하는 사회를 의미해. 무슨 뜻인지 알겠니?"

"아니요, 잘 모르겠어요."

나는 머리를 긁적이며 대답했어요. 엄마는 내가 알아듣

기 쉽도록 차근차근 설명해 주셨어요. 엄마의 설명을 들어 보니 닫힌사회는 말 그대로 꽉 막혀 있는 곳이었어요. 닫힌사회에서는 전체나 집단이 없으면 개인도 존재할 수 없다고 믿기 때문에 모든 사람들은 개인보다는 사회 전체를 위한 규칙을 반드시 지켜야 한대요. 또 닫힌사회는 개인의 자율적인 판단이나 비판을 허용하지 않고 하나의 정해진 규칙만이 옳다고 믿는대요.

엄마의 말씀대로라면 우리 학교는 교장 선생님이 정하신 규칙에 따라야 하겠지요? 우수 학교가 되기 위해서 만든 규칙을 지키고 절대로 학교의 규칙을 어기거나 비판해서는 안 되는 거겠죠?

앞으로 어떻게 학교를 다녀야 할지 더욱 고민이 됐어요. 이건 보통 문제가 아니에요. 27일이 되려면 아직 3주도 더 남았는데 그 시간이 무척 길게 느껴질 것 같았어요.

"하지만 닫힌사회라고 무조건 나쁜 것만은 아니야."

"왜요?"

"닫힌사회에서는 사람들이 무조건 규칙을 따라야 하니까 억울할 것 같지만 닫힌사회도 많은 사람들이 행복해지는 것을 바라니까."

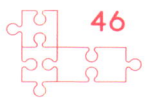

"닫힌사회가 사람들이 행복해지기를 바란다고요?"

"그래. 물론 사실은 그렇지 않으면서 모든 국민이 잘 살게 하기 위해 이렇게 저렇게 해야 한다고 말하는 지도자들도 있어. 이런 지도자들처럼 거짓말을 명분으로 내세우는 사람도 있지만 그렇지 않은 사람도 있단다. 닫힌사회의 지도자도 사회의 발전을 목표로 할 수 있는 거고, 그렇게 되면 그 사회의 구성원들은 자연스럽게 잘 살게 될 거라고 생각하는 거니까."

"그럼, 우리 교장 선생님께서 학생들을 위해서 그런 규칙을 만드셨다는 거예요?"

"아마 그럴 거야. 학교가 발전하고 학생들의 수준이 향상되기를 바라는 마음이겠지. 그동안 학교가 좀 엉망이었던 건 사실이니까 교장 선생님을 한번 믿어 보도록 하자."

"네, 아빠."

아빠 말씀에 대답을 하기는 했지만 왠지 꺼림칙한 마음이 남아 있었어요.

"얘기를 나누다 보니 저녁이 늦어졌네요. 빨리 준비할게요."

엄마가 저녁을 준비하러 부엌에 들어가신 뒤 아빠는 안

방 청소, 나는 내 방 청소를 시작했어요. 책상을 정리하고 방바닥을 닦는 동안 얼큰한 찌개 냄새, 구수한 밥 냄새가 났지만 식욕이 돌지 않고 자꾸 학교 생각만 났어요. 그리고 자주 한숨이 새어 나왔어요.

철학자의 생각

열린사회와 닫힌사회

　열림과 닫힘은 원래 심리학에서 개인의 성격을 설명하는데 사용하던 개념이었어요. 여러분의 주변 사람들 중에는 다른 사람과의 관계에서 자기주장만 말하고 다른 사람의 말을 듣지 않거나 고집대로만 하려는 사람이 있을 거예요. 그리고 돈이 많다거나 똑똑하다거나 나이가 많다는 이유를 내세워서 다른 사람을 무시하고 독불장군처럼 행세하는 사람도 있을 거예요. 우리는 보통 그런 사람을 닫힌 성격 혹은 폐쇄적인 성격을 지녔다고 해요. 이와 반대로 다른 사람과의 관계가 원만하고 타협적이며, 다른 사람의 의견을 잘 듣고 이해하고, 비판을 받아들이는 사람에게는 열린 성격을 지녔다고 하지요.

　닫힌 성격의 사람일수록 충동에 사로잡히기 쉽고, 논리적 일관성이 부족하며, 다른 사람을 평가할 때 자신의 가치관이나 주장과 같은지 다른지를 기준으로 평가해요. 이와 반대로 열린 성격의 사람일수록 이성적이고, 자신과 상대방의 주장이 논리적인지 아닌지를 생각하며, 다른 사람을 평가할 때 자신의 생각과 다르더라도 그들을 객관적으로 평가한답니다.

이렇게 볼 때 열린 정신과 닫힌 정신은 한 사람에게 동시에 일어나기 어려운 인간 정신의 두 유형이에요. 고대부터 현대에 이르기까지 열린 비판과 닫힌 독단은 끊임없는 상호 대립과 갈등을 하면서 역사를 만들어 왔어요.

현재는 열림과 닫힘이라는 용어가 개인의 성격이나 정신적 심리 범위를 벗어나 사회·문화적 범위까지 확대되어 쓰이고 있어요. 즉, 열린 정신에 기초한 열린사회와 닫힌 정신에 기초를 둔 닫힌사회가 그것이라고 할 수 있지요.

그럼 이제는 우리가 비판적으로 보아야 할 닫힌사회의 특징을 자세히 알아볼까요? 앞에서 인정이 아버지가 닫힌사회에 대해서 간략하게 설명했는데, 우리는 여기서 좀 더 꼼꼼히 살펴볼게요.

개인보다 집단을 중요시하는 닫힌사회

개인은 집단을 위해 존재한다고 보는 전체주의 사회

　전체주의 사회는 전체가 없다면 개인은 존재할 수 없다고 하는 이론이 지배하는 사회예요. 이 이론은 사회 유기체 이론이라고 해요. 유기체란 생명체를 말해요. 대표적인 생명체가 바로 우리 몸이죠? 지금 살아 있는 여러분의 몸은 수십 개의 세포로 형성되어 있어요. 우리 몸은 어떻게 나눌 수 있죠? 머리, 목, 팔, 가슴, 배, 다리, 엉덩이 등이 있어요. 몸속은 어떤가요? 뇌, 심장, 폐, 간, 위, 대장 등이 있어요. 그럼 우리 몸속에 위는 왜 있을까요? 바로 우리가 먹은 음식을 소화하는 역할을 하기 위해 있죠. 위가 수행해야 할 목적이 있는 거죠. 위가 음식을 소화하는 역할을 하지 않거나 그 이상의 목적을 가질 수는 없어요. 위가 그 기능을 하지 않으면 우리 몸은 병들고 말 거예요.

　또 다른 생명체인 나무도 살펴볼까요? 나무는 뿌리, 줄기, 가지, 잎 등 부분이 모여서 하나의 나무를 이루고 있어요. 나무에도 여러 종류가 있는데 그중에 잎이 평평하고 넓게 생긴 나무를 활엽수라고 해요. 활엽수의 잎은 가을, 겨울이 되면 땅에 떨어져요. 왜 잎이 떨어질까요? 가을과 겨울에는 나무가 받는 빛의 양이 적고 땅속에 영양분도 부족하기 때문이랍니다. 부족한 영양분을 가지에 달려 있는 잎까지 보낼 수가 없는 거예요. 그래서 가을, 겨울에는 영양분을 받지 못한 나뭇잎이 떨어져요. 나무는 가을, 겨울 동안 살아남기 위해 잎을 떨어뜨리는데 잎 하나가 떨어지지 않겠다고 한다면 나무를 힘들게 하겠죠?

몸과 나무 이야기를 들으니 어떤가요? 몸속에 있는 위는 몸 전체를 위해 존재하고, 나무에 매달려 있는 잎도 나무 전체를 위해 존재하죠. 위나 잎이 존재해야 할 목적을 벗어나면 생명체는 제대로 살아갈 수가 없어요. 전체주의 사회는 집단 안에 있는 개인을 몸속 위나 나뭇잎처럼 여겨요. 생명체(유기체) 속의 부분들이 생명체 전체를 위해 존재하는 것처럼 각 개인은 집단 전체를 위해 존재하고, 집단에서 요구하는 목적을 개인이 맞추지 못하면 개인이 존재해야 할 의미는 없다고 보는 것이죠.

몸과 나무를 벗어나 우리 주변을 둘러볼까요? 가족, 학교라는 집단 그리고 국가, 사회라는 더 큰 집단 안에 사람들이 모여 있잖아요. 전체주의를 강요하는 사람들은 인간이 가족, 학교, 국가 속에서만 존재할 뿐이고 이런 집단이 없으면 존재 자체를 할 수 없다고 생각해요. 그러므로 개인은 항상 전체를 위해서만 존재하게 됩니다. 즉, 자식과 부모는 가족이란 전체를 위해 있고, 학생과 선생은 학교라는 전체를 위해 있고, 국민은 국가와 세계라는 전체를 위해 있다고 보는 것이지요.

독단이 지배하는 독재 사회

칼 포퍼는 전체주의 사회를 닫힌사회라 불렀어요. 전체주의 사회에서는 개인보다 집단을 중요하게 여겨요. 의사 결정을 할 때도 개인이 이성적으로 판단하기보다 집단의 통치자나 권력을 가진 윗사람이 독단적으로 결정하는 경우가 많아요. 집단의 의견과 다른 의견은 무시되지요. 닫힌사회에 사는 국민은 통치자의 정책을 비판할 수도 없고, 비판하더라도 그 의견은 받아들여지지 않아요.

남이 말하는 이야기는 들으려 하지 않고 자기 고집대로만 하는 사람들을 '독단적이다', '주관적이다'라고 말합니다. 닫힌사회 집단의 통치자는 비판하는 목소리를 듣지 않고 자신의 주관적인 생각만 내세우는 독단에 휩싸여 있어요. 자신의 고집대로만 사회와 국민들을 이끌어 나가려 하니 자신의 눈에 거슬리는 사람들은 모두 제거하고, 사회 전체를 잘 살게 만들기 위해서라는 명분으로 사람들을 억압하거나 국민들의 생활을 철저하게 통제하려고 해요.

최대 다수의 최대 행복을 추구하는 공리주의만이 지배하는 사회

닫힌사회는 보통 공리주의를 윤리적 이념으로 내세웁니다. 공리주의란 최대 다수의 최대 행복을 선으로 추구하는 윤리 이론이에요. 최대한 많은 사람들이 많은 행복을 누린다니, 겉으로는 정말 좋은 체제인 것처럼 느껴집니다. 그렇지만 우리가 이 이론을 아무런 제한 없이 받아들일 때, 우리는 결국 사회에서 나타나는 불평등한 현상이나 전체주의를 어쩔 수 없이 정당한 것으로 생각하게 되지요. 사람들의 쾌락이나 행복을 극대화하고자 하는 시도는 불가능할 뿐만 아니라, 대단히 위험한 생각이에요. 왜 위험한지 살펴볼까요?

공리주의는 소수나 개인이 아니라 많은 사람들이 행복을 느끼도록 만드는 것이 더 중요하다고 여기는 거예요. 여기에서 주의할 점은 '많은 사람'이라고 했지 '모든 사람이 평등하게' 행복을 느낀다는 말은 아니라는 거예요. 예를 들어 볼게요. 다섯 명만 살고 있는 나라에 A, B, C, D, E라는 사람들이 있어요. 이들은 행복 지수를 각각 10만큼 가지고 있지요. 그러면 이 나라의 총 행복 수치는 50이 되어요. 그런데 E를 A, B, C, D의 노예로 삼으면서 A, B, C, D의 행복 지수는 10에서 20으로 오른다고 가정해 봅시다. 비록 E는

노예가 되어서 행복 지수가 0이 되지만 나머지 네 사람의 행복 지수는 각 20이 되니까 총 행복 수치는 80이 돼요. 그럼 처음 총 행복 수치 50보다 훨씬 커졌죠? 총 행복 수치가 50과 80으로 나타난다면 공리주의에서는 당연히 80을 선택할 겁니다. 50보다 크므로 최대 행복이잖아요. 여기서는 다섯 명 중 네 명이 행복한 것이 최대 행복이에요.

이처럼 공리주의는 많은 사람들의 행복을 높일 수 있는 일이라면 소수의 행복이 사라지는 것과 인권 침해까지도 허용하지요.

많은 사람의 행복 수치를 더 높이기 위해서 소수를 고통과 희생에 빠뜨리는 일이 정당하다고 할 수 있을까요?

즐거운 독서 퀴즈

1 다음은 어떤 사회의 특징을 설명한 글이에요. 이 사회를 일컫는 용어는 무엇일까요? (   )

- 사회 전체를 하나로 보고, 그 전체를 위한 규칙과 제도를 절대적인 것으로 간주하는 사회를 의미해요.
- 전체나 집단이 없으면 개인도 존재할 수 없다고 믿기 때문에 모든 사람들은 개인보다는 사회 전체를 위한 규칙을 반드시 지켜야 해요.
- 개인의 자율적인 판단이나 비판을 허용하지 않고 하나의 정해진 규칙만이 옳다고 믿어요.
- 사람들이 무조건 규칙을 따라야 하니까 억울할 것 같지만 이 사회가 바라는 것은 많은 사람들이 행복해지는 것이기도 해요.

❶ 열린사회   ❷ 닫힌사회   ❸ 공동 사회   ❹ 이익 사회

정답

❷ 닫힌사회

2 다음은 닫힌 성격과 열린 성격에 대한 설명을 정리한 문장이에요. 닫힌 성격에 해당되면 □, 열린 성격에 해당되면 ○ 표시를 해 보세요.

❶ 다른 사람과의 관계에서 자기주장만 말하고 다른 사람의 말을 듣지 않거나 고집대로만 하려고 해요. ( )

❷ 돈이 많다거나 똑똑하다거나 나이가 많다는 이유를 내세워서 다른 사람을 무시하고 독불장군처럼 행세해요. ( )

❸ 다른 사람과의 관계가 원만하고 타협적이며, 다른 사람의 의견을 잘 듣고 이해하고, 비판을 받아들여요. ( )

❹ 충동에 사로잡히기 쉽고, 논리적 일관성이 부족하며, 다른 사람을 평가할 때 자신의 가치관이나 주장과 같은지 다른지를 기준으로 평가해요. ( )

❺ 이성적이고, 자신과 상대방의 주장이 논리적인지 아닌지를 생각하며, 다른 사람을 평가할 때 자신의 생각과 다르더라도 그들을 객관적으로 평가해요. ( )

정답
❺ ○ ❹ □
❸ ○ ❷ □ ❶ □

2
열린 초등학교

새로 오신 교장 선생님은
'학생들이 해야 할 일'을 잔뜩 내 주셨고,
우리는 그대로 하느라 지쳐 버렸어요.
과학 학원에서 지훈이를 만나 함께 집에 와서
저녁을 먹고 학교에 대한 이야기를 나누었어요.
그런데 지훈이네 학교는 우리 학교와
완전히 반대였어요.
지훈이가 부러운 건 왜일까요?

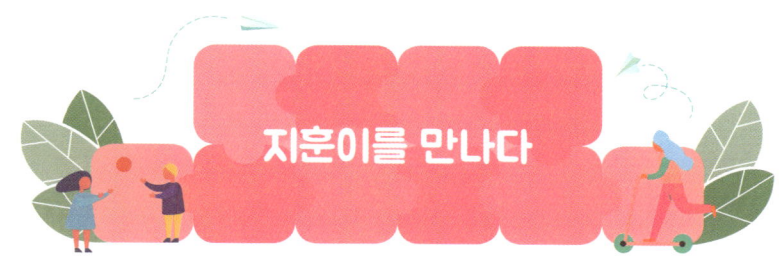

지훈이를 만나다

'학생들이 해야 할 일'을 시행한 지 3일째, 벌써 기운이 없었어요. 나뿐만 아니라 반 아이들도 모두 어쩔 수 없어 참고 하는 상황이었지요.

그래도 나는 좋아하는 과학 수업을 들으러 학원에 갈 수 있지만 학원에 다니지 않는 아이들은 꼼짝없이 세 시간 동안 자율 학습을 해야 해요.

"인정아, 학원 가는 거야?"

"응, 내일 보자."

"요즘은 네가 진짜 부럽다니까."

"학원에 가는 애는 나 말고도 많이 있는데, 뭘."

"다른 애들은 학원도 어쩔 수 없이 가는 거잖아. 너는 학원에 가는 게 재미있다면서."

"그렇긴 하네. 아무튼 공부 열심히 해."

청소를 마치고 교실을 나오면서 갑자기 반 아이들이, 아니 우리 학교 모든 아이들이 불쌍하다는 생각이 들었어요. 그래서인지 학원으로 향하는 발걸음이 무거웠어요. 학교생활이 갑갑하게 느껴져서일까요? 요즘은 학원 수업이 더 재미있는 것 같아요. 과학 수업이 끝날 때면 너무 아쉬운 생각까지 들어요.

어깨가 축 처진 채로 학원 복도를 걷고 있는데 누군가가 뒤에서 툭 쳤어요.

"인정아!"

"어? 지훈아."

뒤를 돌아보니 지훈이었어요.

"너 무슨 일 있니? 어깨도 축 처져 있고 얼굴 표정이 나 죽겠다고 알리는 거 같아."

"우리 학교 교장 선생님 때문에 힘들어서 그래."

"교장 선생님 때문에 힘들어? 교장 선생님은 별로 마주칠 일이 없잖아."

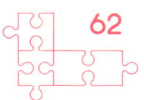

"말하자면 좀 길어. 어휴, 정말 답답하다."

나는 길게 한숨을 쉬었어요. 지훈이가 계속 궁금하다는 듯 내 얼굴을 살피며 물었어요.

"무슨 일인데 그래? 내가 다 들어 줄게."

"너 빨리 집에 가야하잖아. 부모님께서 기다리고 계시는 거 아냐?"

"사실은 나 부탁하고 싶은 게 있는데, 오늘 너희 집에서 놀다가 자고 가면 안 될까?"

"내일 아침에 학교 가려면 힘들지 않겠어?"

"내일이 우리 학교 개교기념일이거든. 갑작스럽게 부탁해서 미안하지만 너희 부모님께서 허락하시면 자고 갈게."

"괜찮을 거야. 저번에 네 얘기를 했더니 한번 놀러 오라고 하셨거든."

나는 집에 전화를 걸어 엄마에게 허락을 받았어요. 나와 지훈이는 오랜만에 어깨를 나란히 하고 집을 향해 걷게 되었어요.

"이 길이 익숙한데……."

"여기가 민철이네 집으로 가는 길이잖아."

"그렇구나. 그때는 저기에 학원이 있다는 것도 알지 못했는데 말이야. 그냥 민철이네 집에 가는 길이었을 뿐이지."

"민철이를 부르러 갔다가 이 근처에서 붕어빵이랑 떡볶이도 사 먹고 그랬는데, 기억나?"

"응, 기억나. 아직도 붕어빵 아저씨랑 떡볶이 할머니 계셔?"

"그럼, 나 단골이잖아. 오랜만에 떡볶이 먹고 붕어빵 사 갈까?"

"그래, 좋아."

나와 지훈이는 예전처럼 할머니에게 천천히 먹으라는 잔소리를 들으며 떡볶이를 맛있게 먹었어요. 붕어빵 아저씨는 기억력이 좋으신지 지훈이를 알아보고 붕어빵을 두 개나 더 넣어 주셨어요.

지훈이와 함께 바이올린을 배울 때 우리는 매우 친하지는 않았지만 오랜만에 다시 만나니까 더 반갑고 전보다 더 친해진 느낌이 들었어요.

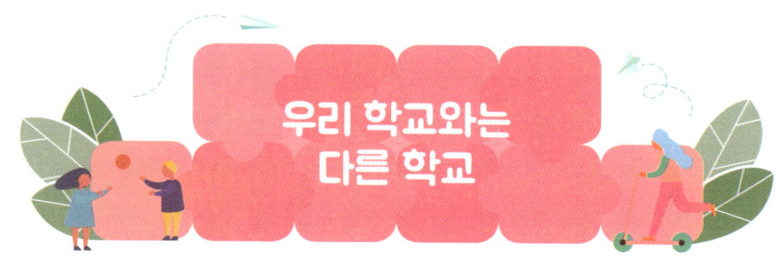

우리 학교와는 다른 학교

"다녀왔습니다."

"안녕하세요?"

"그래, 지훈아. 오랜만이구나. 어서 들어오렴."

엄마는 지훈이를 무척 반가워하셨어요. 나는 괜히 심술이 나서 말했어요.

"엄마, 저는요?"

"우리 아들도 어서 들어오렴."

"네."

나는 지훈이와 마주 보면서 웃었어요. 엄마는 김치볶음밥을 저녁으로 내 주셨어요.

"와, 김치볶음밥이다."

"인정아, 얼른 손 씻고 와."

엄마는 내게 눈짓을 하며 말씀하셨어요. 아무래도 오늘은 지훈이가 있으니 얌전히 욕실에 가서 손을 씻어야겠어요.

"지훈이도 배고프지? 인정이랑 같이 손 씻고 와서 저녁 먹자."

"네, 그리고 이건 선물이에요."

지훈이는 들고 있던 붕어빵을 엄마에게 드렸어요. 엄마는 지훈이가 가져온 붕어빵을 받고 기뻐하셨어요. 우리는 김치볶음밥을 맛있게 먹었어요. 저녁을 먹으면서 우리는 미처 다 하지 못했던 교장 선생님 이야기를 나누었어요.

"며칠 전에 새 교장 선생님께서 오셨는데 진짜 무섭게 생기신 데다 우리한테 해야 할 일을 엄청나게 내 주셨어."

"교장 선생님께서 숙제도 내 줘?"

"아니, 이건 숙제 정도가 아니라니까. 학원에 다니는 애들을 제외하고 전교생이 수업 끝나고 세 시간 동안 자율 학습을 해야 하고 일주일에 문제집 한 권씩을 풀어서 검사받아야 해."

"와. 너희 학교 학생들은 전부 천재가 되겠다."

"억지로 공부한다고 천재가 되겠냐? 그냥 마지못해서 하는 거지. 아마 문제집을 제대로 풀지 않고 찍는 애들이 많을 거야."

"하긴 모두 다 열심히 하지는 않겠지. 자율 학습 시간에 졸거나 장난치는 애들도 있을 거고 말이야."

"그랬다가는 큰일 나. 교장 선생님께서 무서운 얼굴로 직접 감독을 하시는데 어떻게 졸겠어. 매일 전교생에게 청소를 시키고 일일이 검사하면서 다니신다니까."

"우리 학교랑 완전히 반대네. 우리 학교 교장 선생님은 학생들이 알아서 하게 놔두시는데……."

"정말 좋겠다."

내가 부러워하는 표정으로 지훈이를 바라보자 지훈이는 자신의 학교 이야기를 계속했어요. 나는 지훈이가 전학을 간 학교가 어떤 곳일지 귀를 쫑긋 세우고 이야기를 들었어요.

지훈이네 학교에서도 학교별 환경 평가를 준비하고는 있지만 강압적으로 공부를 시키거나 지나치게 청소를 자주 하지는 않는다고 했어요. 지훈이네 학교 교장 선생님은 결과보다 과정을 중요시 여기셔서 실험이나 체험 학습을 많이 하시는 편이라고 했어요. 또 학생들을 성적으로 닦달하기보다는 마음 편하게 공부할 수 있도록 좋은 환경을 만들어 주어야 한다고 하신대요. 공부하기에 좋은 환경이 만들어지면 학생들의 성적은 자연히 오를 거라고도 하신대요. 그냥 듣기에도 지훈이네 교장 선생님은 정말 좋은 분이신 것 같았어요. 그래서 지훈이네 학교로 전학을 가고 싶었어요.

"너희 학교는 우리 학교와 다르게 열린 학교구나."

"열린 학교? 그게 뭔데?"

"열린 학교란 말이야, 학생들이 자신의 일에 스스로 판단을 내리고 자신의 행동에 책임을 지는 학교야."

"아, 그렇구나. 네 말대로라면 우리 학교는 열린 학교가 맞겠다. 우리 학교는 학생들이 스스로 하는 분위기니까 말이야. 교장 선생님은 우리가 할 수 있는 만큼 계획을 세워서 공부를 하고 지금 당장보다는 앞으로 공부하는 데 도움이 되게 하라고 하셨어. 청소랑 환경 정리도 반별로 협의해서 하고 있고."

"진짜 부럽다. 우리 학교는 닫힌 학교야. 우수 학교가 되기 위해서 교장 선생님이 목표를 세우고 모든 학생들이 규칙을 따라야 해. 우리 학교 학생들은 절대로 규칙을 어겨서는 안 되고 그 규칙을 지키지 않았을 때는 벌까지 받아야 한다고."

"닫힌 학교는 무서운 곳이구나."

"아빠는 닫힌사회도 사람들의 행복을 위해서 노력한다고 하시는데 나는 도무지 이해가 되지 않아. 우리 교장 선생님께서 세운 규칙 때문에 많은 학생들이 괴로워하고 있는데 그게 모든 학생들이 잘되게 하기 위해서라니……."

"그래도 학교별 환경 평가에서 우수한 학교로 선정되면 좋잖아. 교장 선생님도 그런 마음 때문에 엄하게 하시는 걸 거야."

나는 엄마, 아빠한테 들은 닫힌사회와 열린사회에 관한 이야기를 지훈이에게 해 주었어요.

"엄마, 아빠가 그런 말씀도 해 주시니까 좋겠다."

"뭘 이 정도 가지고. 히히."

교장 선생님을 생각하면 여전히 가슴이 답답했지만 지훈이에게 대단한 사실을 알려 준 것처럼 뿌듯한 기분이 들었어요. 지훈이와 수다를 떨면서 저녁을 먹으니까 김치볶음밥이 더욱 맛있게 느껴졌어요.

나와 지훈이는 어느새 그릇을 깨끗하게 비우고 배를 내밀며 앉아 있었어요. 누군가 우리의 배를 두드린다면 '둥둥' 하고 북소리가 날 것 같았어요.

지훈이 이야기

"잘 먹었습니다."
"맛있게들 먹었니?"
"네."
"그럼, 올라가서 놀아. 좀 이따 아버지 들어오시면 함께 과일 먹자."
"네, 알겠어요."

나와 지훈이는 방으로 들어와 체스 게임을 했어요. 나는 체스 게임이 마음에 들어서 얼마 전에 게임 도구를 샀어요. 아빠한테 조금씩 배우기는 했는데 아직 잘하지 못해서 지훈이에게 고수의 비법을 전수받았어요.

"지훈아, 체스 게임 누구한테 배웠어?"

"응, 아빠한테."

"그래? 그런데 나 물어보고 싶은 게 있는데……."

나는 그동안 궁금했던 질문을 은근슬쩍 지훈이에게 할 참이었어요. 그러나 때마침 지훈이의 핸드폰이 울려서 질문은 잠시 중단됐어요.

"여보세요? 네, 아빠."

방금까지 즐거워 보이던 지훈이의 얼굴 표정과 목소리가 어두워졌어요.

"아빠는 학원 수업만 궁금하세요? 저 오늘 친구 집에서 자고 갈 거니까 그렇게 아세요."

지훈이는 화를 내면서 전화를 끊고 핸드폰 배터리를 빼 버렸어요. 나는 지훈이의 행동에 당황해서 아무 말도 하지 못하고 지훈이를 쳐다보기만 했어요.

"미안해. 갑자기 놀랐지?"

"응, 그게 좀 놀랍기는 하다."

"오늘 아침에 아빠랑 싸웠거든. 친구 집에서 자고 간다고 엄마한테만 말해서 아빠한테 전화 온 거야."

"아빠랑 무슨 일로 싸웠어?"

나는 호기심 어린 눈으로 지훈이에게 물었어요. 어쩌면 학원 복도에서 오랜만에 지훈이를 만났을 때 지훈이가 우울한 표정이었던 이유를 들을 수도 있을 것 같았어요. 그리고 지훈이가 바이올린 연습을 안 하고 집에서 멀리 있는 과학 학원에 다니는 이유도 알 수 있겠지요.

"실은 아빠는 내가 바이올린 배우는 걸 싫어하셔. 요즘 세상에 음악을 해서 어떻게 먹고살 거냐고, 공부를 열심히 해서 좋은 대학에 가고 좋은 직장에 취직해야 한다고 하셔."

"정말? 아마 우리 교장 선생님의 생각도 비슷하겠다."

"아까 너희 학교 이야기를 들으면서 우리 아빠 생각을 많이 했어. 우리 아빠가 너희 학교 교장 선생님을 만나게 되면 나를 다시 그 학교로 전학 보내실지도 몰라."

"그래도 너희 아빠는 자율 학습은 안 시키실 거 아냐?"

"차라리 자율 학습을 했으면 좋겠어. 우리 아빠는 점수는 몇 점, 등수는 몇 등, 매 시험마다 정해 주시고 성적이 좋지 않으면 바이올린 근처에도 못 가게 하셔. 아빠가 바라는 성적에 맞추느라 과목마다 잘 가르친다고 소문난 학원에 쫓아다니고 있어. 그래서 거의 한 시간 거리에 있는 과학 학원까지 다니게 된 거야."

"그랬구나. 네가 우리 학교 애들보다 더 힘들겠는데."

지훈이는 한숨을 푹 쉬었어요. 조금 전 학교 자랑을 할 때와는 다른 모습이었어요. 예전에 학원 복도에서 보았던 지훈이의 우울한 표정도 언뜻 보였어요.

"어젯밤에는 바이올린을 켜고 싶은데 소리가 나니까 켜지도 못하고, 만져만 보고 있었어. 근데 하필이면 그때 아빠가 방에 들어오셨다가 그 모습을 보고 화를 내신 거야."

나는 바이올린을 좀 만지는 게 어떠냐고 생각하고 있었는데, 지훈이 아버지는 지훈이가 공부는 안 하고 바이올린 생각만 하는 것 같아 화가 나셨나 보네요. 그래서 지훈이의 손에서 바이올린 빼앗고 바닥에 던지셔서 바이올린이 부서졌대요.

"밤에 한숨도 자지 못하고 고민했어. 그러고 나서 아침에 말씀드렸어. 나는 내가 하고 싶은 일을 할 거라고."

"그 뒤에는 어떻게 됐어?"

나는 할머니의 옛날이야기를 기다리는 아이처럼 지훈이의 다음 말을 기다렸어요.

"어떻게 되긴…… 아빠한테 엄청 맞았지."

"아빠가 때리셨어?"

"응."

"많이 아팠겠다."

"지금은 괜찮아."

지훈이는 나를 향해 싱긋 웃어 보였어요. 나는 지훈이에게 그런 일이 있었는지도 모르고 학교 이야기를 하며 투덜거렸던 것이 미안했어요. 물론 학교에서 정한 엄격한 규칙을 지키기 힘들지만 지금 지훈이 마음만큼 힘들지는 않을 거예요. 이렇게 우리는 해결하기 어려운 문제를 떠안은 채 잠이 들었어요. 나는 잠들기 전 힘든 우리를 마음속으로 위로했어요.

'내일은 좀 더 나아질 거야.'

철학자의 생각

열린사회의 특성

독립적이고 자유로운 개인이 모여 사는 개인주의 사회

열린사회의 특성은 개인주의예요. 전체주의는 사회를 하나의 생명체로 보는데 반해 개인주의는 사회를 독립적이고 자유로운 개인들이 모여 사는 집합으로 보는 입장이에요. 즉, 사회란 개인을 넘어서는 다른 존재가 아니라 개인들이 함께 모여 사는 공동체일 뿐이라는 것이죠.

여기에서 여러분들은 개인주의를 이기주의와 같은 의미로 생각할 수 있지만 절대 아니에요. 개인주의는 이기주의와 엄격하게 구별되어야 해요. 개인주의는 나 자신의 독립성과 자율성, 권리를 존중하듯이 다른 사람의 독립성과 자율성, 권리도 존중하고 있어요. 그러나 이기주의는 다른 개인의 권리를 무시하면서까지 자신의 이익을 위해서 행동하는 것이에요.

개인주의의 반대말은 집단주의이고, 이기주의의 반대말은 이타주의예요. 이기주의는 다른 사람은 희생되더라도 자신의 이익만 있으면 된다는 생각이지요. 집단주의와 이기주의가 합쳐지면 집단 이기주의가 되는데 이것은 내 가족, 내 마을, 내 국가만 잘 살면 된다고 여기는 생각이에요. 그러나 칼 포퍼가 말하는 열린사회는 개인주의와 이타주의가 합쳐진 사회예요. 이것은 때로는 다른 사람의 행복을 위해 나 자신의 이익을 희생할 수도 있는 사회예요.

개인주의에서 개인은 나 혼자만을 뜻하는 게 아니에요. 나도 개인이지만 여러분 옆에 있는 친구도 개인이고, 동생도 개인이고 옆집에 사는 아주머니도 개인이에요. 우리는 모든 개인의 자유와 인권을 존중하면서 살아야 해요.

산업 사회가 되면서 우리 사회는 이기주의와 결합된 개인주의로 인해 공동체가 위태로울 수도 있는 지경까지 이르렀어요. '뭉치면 살고, 흩어지면 죽는다.'라는 말을 들어 보았나요? 집단이 개인의 힘을 필요로 할 때는 뭉쳐야 하는데, 오늘날에는 점점 자신의 이익만을 추구하는 경향이 커지고 있어요.

개인을 중요시한다고 해서 집단이나 국가를 무시한다는 뜻은 아니에요. 국가에 소속되어 있으나 개인마다 의견이 있고 삶의 목적이 다양하니까, 개인의 삶의 목적과 국가의 목적이 반드시 같을 필요는 없다는 뜻이에요.

열린사회의 진정한 개인주의는 나 자신만 생각하는 이기주의가 되어서는 안 되고, 다른 사람도 함께 배려해야 하며, 나아가 나와 내가 속해 있는 집단, 국가가 함께 발전할 수 있도록 행동하는 것이라고 할 수 있어요.

비판을 허용하는 자유 사회

열린사회는 앞에서 설명한 닫힌사회와 성격이 전혀 달라요. 열린사회는 비판을 싫어하는 닫힌사회와 달리 비판을 환영하는 사회예요. 따라서 열린사회에서는 우리가 지켜야 할 규범이나 규칙을 뚜렷한 이유 없이 개인에게 강제로 부과하는 일은 있을 수 없어요.

더 나아가 열린사회는 진리의 독점을 거부하는 사회예요. 여기서는 아무도 독단적인 권리를 행사하지 못해요. 비판받지 않아도 좋을 완벽한 진리란 없으며, 어느 누구도 이것이 절대적인 진리이다 혹은 아니다라고 할 수 없어요.

그렇지만 비판을 허용하는 자유 사회라고 해서 절대적 자유만을 추구하거나 국가의 역할을 무조건 최소화해야 한다는 의미는 아니에요. 자유가 제한되지 않을 때, 자유는 스스로 무너질 수 있어요. 왜냐하면 여럿이 모여 사는 사회에서 자유에 제한이 없다면 힘이 강한 사람이 마음대로 약한 사람을 위협하여 자유를 빼앗는 것이 허용될 수도 있는 위험이 있기 때문이죠. 그렇기 때문에 어떤 행동을 하든지 자유를 허용하는 것이 아니라 국가가 일정한 제한을 하고 적정한 보호를 하지요. 자유는 국가에 의해 보호되지 않는 한 유지될 수 없어요. 그리고 국가에 의해 보호되는 만큼 제한도 받아요.

칼 포퍼는 경제 영역에도 국가 보호주의를 적용해야 한다고 주장했어요. 국가가 국민을 물리적 폭력으로부터 보호한다 할지라도, 경제적 힘이 잘못 쓰이고 있는 상황으로부터 국민을 보호하지 못한다면, 국가는 국민의 자유를 실질적으로 보호할 수 없기 때문이에요. 돈이 많고 권력이 있는 사람이 돈이 없고 권력이 없는 사람을 괴롭히고 약자로부터 그의 자유를 마음대로 빼앗을 수 있는 상황에서는 경제적 자유는 물리적 폭력과 마찬가지로 위험한 것이 될 수 있어요. 자신이 배불리 먹고도 남는 음식을 가진 사람은 굶주린 사람을 자신의 노예로 만들 수 있어요. 폭력을 사용하지 않고서 배부른 자의 힘이 배고픈 자를 자연스럽게 노예로 몰고 가는 것이죠.

국가가 국민들을 위해 해야 하는 일을 물리적인 폭력의 억압과 재산의 보호로만 제한할 때, 돈이 많고 권력이 있는 사람들은 이런 방식으로 경제적으로 힘이 없는 많은 사람들을 착취할 수 있어요.

그러므로 국가는 경제적으로 힘이 약한 사람을 강한 사람으로부터 보호하기 위한 사회적 장치를 만들어야 해요. 어느 누구도 굶어 죽는 공포나 경제적 파멸의 두려움으로 인하여 불평등한 관계 속에 빠질 필요가 없도록 보살펴야 해요.

모두의 최소 고통을 추구하는 역공리주의 사회

윤리적 측면에서 보면 열린사회의 특성은 전통적 공리주의를 거부한다는 점이에요. 공리주의, 많이 들어 봤죠? 공리주의는 최대 다수의 최대 행복을 추구한다는 거예요. 많은 사람들이 최대의 행복을 누리는 생활은 좋은데 왜 열린사회는 공리주의를 비판하는 걸까요? 집단의 통치자가 전체주의적 독재를 하기 위한 구실로 가장 많은 사람들에게 많은 행복을 준다는 공리주의의 원칙을 내세울 수도 있어요. 다수의 행복을 위해서 소수의 희생을 무시하는 것을 당연하게 여길 수 있지요. 그래서 열린사회는 공리주의를 반대하고 다수의 행복을 위해 소수의 고통을 요구하지 않으며, 소수의 행복을 위해 다수의 고통을 요구하지 않아요.

칼 포퍼는 사람들이 얼마나 많이 행복하느냐가 아니라 얼마나 고통을 덜 받느냐 하는 문제를 먼저 해결해야 한다고 했어요. 그러므로 최대 다수의 최대 행복을 추구하는 공리주의의 원칙은 모두의 최소 고통을 추구하는 역공리주의의 원칙으로 바꿔야 해요. 말하자면 이것은 행복의 극대화 원칙을 고통의 극소화 원칙으로 바꾸는 것이죠. 이렇게 하여 결국 우리는 열린사회가 비판을 수용하는 자유 사회이며, 개인주의적 사회이며, 역공리주의의 이념을 지향하는 인도주의적 사회라는 것을 알 수 있어요.

칼 포퍼는 열린사회와 닫힌사회의 상반되는 두 성향을 역사상 가장 먼저 열린사회의 이념을 제시한 페리클레스와 최초로 가장 완벽하게 열린사회를 봉쇄하고자 한 플라톤의 말을 함께 인용하면서 설명했어요.

열린사회를 지지하며
비록 소수의 사람만이 정책을 발의할 수 있다 해도, 우리 모두는 그것을 비판할 수 있다.

—아테네의 페리클레스

열린사회를 반대하며

무엇보다 가장 으뜸가는 원칙은 여자든 남자든 아무도 지도자가 없이는 안 된다는 것이다. 어느 누구의 마음도 전적으로 자기 스스로 무언가를 하게끔 습관화되어서는 안 된다. 그것은 열성적으로 하는 것이든 장난삼아 하는 것이든 마찬가지이다. 오히려 사람들은 전쟁 때나 한창 평화로운 때에 그의 지도자에게 눈을 돌려 그를 따라야 한다. 그리고 사소한 일까지도 지휘를 받아야 할 것이다. 예컨대 그렇게 하라는 명령이 떨어졌을 때만 잠자리에서 일어나거나 움직이거나 씻거나 먹거나 해야 할 것이다. 한마디로 말하면 사람들은 오랜 습관에 의해 결코 독립적 행동을 꿈꾸지 않고 전혀 그런 짓을 할 수 없게 되도록 자신의 영혼을 길들여야만 한다.

—아테네의 플라톤

즐거운 독서 퀴즈

1 다음은 본문에 나온 닫힌 학교와 열린 학교의 상황을 정리한 문장이에요. 닫힌 학교에 해당되면 □, 열린 학교에 해당되면 ○ 표시를 해 보세요.

❶ 전교생이 수업 끝나고 세 시간 동안 자율 학습을 해야 하고 일주일에 문제집 한 권씩을 풀어서 검사받아야 해요. (   )

❷ 매일 전교생에게 청소를 시키고 일일이 검사해요. (   )

❸ 강압적으로 공부를 시키거나 지나치게 청소를 자주 하지는 않아요.
(   )

❹ 결과보다 과정을 중요시 여겨서 실험이나 체험 학습을 많이 하는 편이에요. (   )

❺ 학생들을 성적으로 닦달하기보다는 마음 편하게 공부할 수 있도록 좋은 환경을 만들어 주어요. (   )

❻ 학생들이 할 수 있는 만큼 계획을 세워서 공부하고 청소와 환경 정리도 반별로 협의해서 해요. (   )

❼ 우수 학교가 되기 위해서 교장 선생님이 목표를 세우고 모든 학생들이 규칙을 따라야 해요. 절대로 규칙을 어겨서는 안 되고 그 규칙을 지키지 않았을 때는 벌까지 받아야 해요. (   )

정답

❼ □
❻ ○   ❺ ○   ❹ ○
❸ ○   ❷ □   ❶ □

2 다음은 열린사회의 성격을 지닌 사회 유형에 대한 설명이에요. 각각의 문장에 해당하는 사회 유형을 보기에서 찾아 알맞은 기호를 써 넣어 보세요.

> a 개인주의 사회   b 자유 사회   c 역공리주의 사회

❶ 사회를 독립적이고 자유로운 개인들이 모여 사는 집합으로 봐요.
( )

❷ 비판을 허용하고 진리의 독점을 거부해요. ( )

❸ 어떠한 행동을 하든지 자유를 허용하는 것이 아니라 국가가 일정한 제한을 하고 적정한 보호를 해요. ( )

❹ 나 자신은 물론 타인의 독립성과 자율성, 권리를 존중해요. ( )

❺ 다수의 행복을 위해 소수의 고통을 요구하지 않으며, 소수의 행복을 위해 다수의 고통을 요구하지 않아요. ( )

❻ 많은 사람들이 행복하기보다 모두가 고통을 덜 받는 것을 추구해요.
( )

정답
❶ a ❷ b ❸ b
❹ a ❺ c ❻ c

3
열린 학교와 그 방해자들

'학생들이 해야 할 일'을 시작한 지 열흘 째,
온몸이 피곤하고 학교 가는 길은 지옥 같았어요.
수업을 듣다가 머리가 아파서 복도로 나왔는데,
그만 '쾅!' 쓰러지고 말았어요.
초등학생이 과로라니요!
아빠가 뭔가 결심을 하신 듯해요.

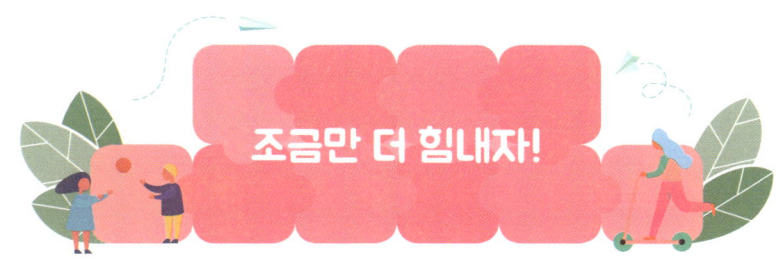

조금만 더 힘내자!

'학생들이 해야 할 일'을 시작한 지 열흘째, 온몸에서 피곤이 뚝뚝 떨어지는 것만 같아요.

"인정아, 어디 아프니?"

"아니요. 그냥 좀 피곤해요."

"공부하느라 힘들지? 우리 아들 판다가 다 됐네. 눈감으면 선글라스 쓴 줄 알겠어."

"엄마, 저 농담할 기운도 없어요. 학교 다녀오겠습니다."

"그래, 잘 다녀와."

집을 나서서 학교로 가는 길은 지옥으로 향하는 것 같았어요. 차라리 이 길이 끊어져서 학교에 닿지 않았으면 좋겠다는 생각이 들었어요.

　열흘 사이에 나는 총정리 문제집 한 권을 다 풀고 두 번째 문제집을 풀기 시작했어요. 청소도 얼마나 열심히 했는지 손바닥에 물집이 잡히기까지 했어요. 부모님은 아침잠이 많은 내가 눈도 못 뜬 채 일어나서 겨우 아침을 먹고 나가는 것을 보고 걱정이 이만저만이 아니세요. 가끔씩 판다 같다고 놀리실 때도 있지만 건강에 무리가 오지 않을까 걱정하세요.

　학교에 도착하니 벌써 많은 아이들이 공부를 하고 있었어요. 예전에는 조회 시간이 가까워서야 아이들이 우르르 몰려오고 일찍 등교하는 아이들은 거의 없었어요. 어쩌다 일찍 학교에 오는 아이들이 있다고 해도 교실에 앉아 공부를 하기보다는 운동장에서 뛰어놀거나 교실에서 장난을 쳤어요. 그러나 지금은 운동장에서 뛰어노는 아이들 대신에 이른 아침부터 공부하는 아이들의 모습을 볼 수 있어요. 지각하는 것은 꿈도 꿀 수 없고, 교실에서 장난을 치다가 선생님한테 걸리는 날에는 정말 크게 혼날 거예요.

　나는 가방을 조용히 내려놓고 문제집과 필통을 꺼냈어요. 교실에 들어와서 자리에 앉을 때마다 얼마나 신경이 쓰이는지 몰라요. 며칠 전에 가방을 내려놓다가 '쿵' 소리를 크게 내서 반 아이들이 모두 저를 째려봤거든요.

　조심스럽게 공부할 준비를 마치고 문제집을 풀기 시작했어요. 두 권째 풀다 보니 첫 번째 문제집을 풀 때보다는 문제가 쉬웠어요. 하지만 몰려오는 졸음 때문에 점점 눈꺼풀이 무겁게 느껴졌어요.

　'쿵!'

　뭔가가 부딪히는 소리에 나는 정신이 번쩍 났어요. 깜짝 놀라서 졸음이 화들짝 달아났어요.

　나는 고개를 좌우로 돌려 두리번거리다가 무서운 장면을 보았어요. 우리 반 졸기 대장 현식이가 책상에 머리를 대고 있는 거예요. 오늘도 졸다가 책상에 머리를 부딪친 걸까요? 눈을 부릅뜨신 담임 선생님의 손이 현식이의 뒤통수에 있는 걸로 봐서 선생님이 현식이의 머리를 책상에 미신 것 같기도 해요.

　"선생님, 잘못했어요."

　"이 녀석! 걸핏하면 졸고, 너 때문에 우리 반 평균 점수가 떨어지면 어떻게 할 거야? 며칠 있으면 나도 다른 학교로 갈 테니까 내 말은 안 들어도 된다 싶어? 내가 떠나기 전에 우리 반이 일등을 해야 할 거 아냐?"

순간 앞문이 열리고 교장 선생님이 들어오셨어요.

"이 반은 왜 이렇게 시끄럽습니까?"

교장 선생님은 매서운 눈길로 담임 선생님과 현식이를 번갈아 보셨어요.

"아, 이 학생이 졸고 있어서 주의를 주고 있었습니다."

"그럼, 그 학생만 조용히 불러 벌을 줘야지요. 다른 학생들에게 방해가 되지 않습니까?"

"네, 주의하겠습니다."

우리들 앞에서 교장 선생님에게 혼이 난 담임 선생님은 얼굴이 붉어지고 현식이는 교장실로 불려 갔어요.

살벌한 분위기 속에서 아침 자습 시간이 끝났어요. 담임 선생님은 간단히 아침 조회를 마치고 여전히 어두운 얼굴로 교실을 나가셨어요. 담임 선생님의 모습을 보니까 내 마음이 씁쓸해요. 담임 선생님은 며칠 뒤 발령을 받아 다른 학교로 떠나세요. 다른 학교로 가기 전에 우리 반 아이들의 성적이 오르는 걸 꼭 보고 싶다고 하셨어요. 학교별 환경 평가에서 일등을 하는 것도 좋지만 우리 반 아이들이 열심히 공부하는 모습이 좋아 보인다고 하셨거든요.

"현식이는 왜 안 올까?"

"교장 선생님께 엄청 혼나고 있을 거야."
"진짜 무섭겠다."
반 아이들은 저마다 현식이에 대해 이야기했어요. 잠시 후 교실 문이 열리고 현식이가 풀이 죽어서 등장했어요. 걱정 반 궁금증 반이었던 아이들은 현식이만 뚫어져라 쳐다보았어요.
"괜찮아?"
"아니, 전혀 괜찮지가 않아."
"많이 혼났어?"
"아니."
"그럼 뭐야?"
"차라리 혼났으면 좋았겠다. 교장실에 가서 성적에 대한 이야기만 듣고 왔어."
"교장 선생님 무서우신 줄 알았는데……."
"무서운 분 맞아. 내가 공부하는 분위기를 깼으니까 매일 영어 단어 백 개를 백 번씩 써 오라고 하셨어. 다른 학생들을 방해해서 성적에 영향을 준 만큼 내가 점수를 올려야 한다고 하셨어."
역시 교장 선생님은 대단하시네요. 영어 단어 백 개를 백 번씩 쓰라고 하시다니……. 더구나 매일이라면 열흘만 지나도 천 번이에요. 아무래도 현식이 팔에 병이 나지 않을까요?

　나는 하루 빨리 시험이 끝났으면 좋겠다는 생각이 들었어요. 엄청난 양의 공부를 하면서도 선생님들의 눈치를 보느라 쉬는 시간에 친구들과 놀지도 못하는 하루하루가 너무 힘겨웠으니까요. 시험만 끝나면 잠도 푹 자고 게임도 실컷 할 거예요. 아, 얼마나 좋을까요? 더불어 현식이의 벌도 끝날 테니까 현식이도 무척 좋아할 거예요.

　'현식아, 힘내! 나도 조금만 더 힘내자!'

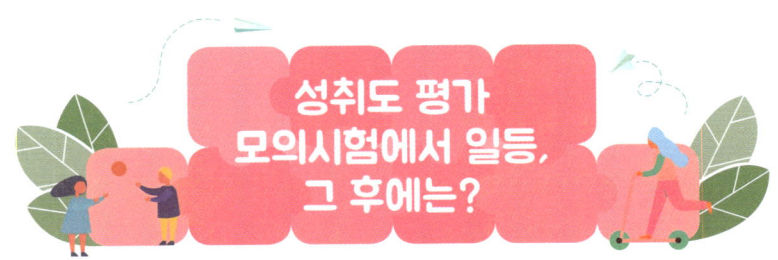

성취도 평가 모의시험에서 일등, 그 후에는?

"얘들아, 얘들아."

철민이가 소리를 지르며 헐레벌떡 뛰어 들어왔어요. 공부를 하던 아이들이 모두 철민이를 쳐다봤어요. 졸고 있던 아이들도 철민이의 시끄러운 소리에 깼는지 고개를 들었어요.

"우리 학교가 일등이래."

"뭐? 우리 학교가 일등?"

그저께 우리 학교는 학교별 환경 평가를 대비하기 위해 모의시험에 응시했어요. 모든 학교가 시험에 응시한 것은 아니었지만 꽤 많은 학교가 함께했는데 우리 학교가 일등을 했다니 믿어지지가 않았어요.

"와, 우리 학교 정말 대단하다."
"진짜 일등이래? 어디서 들었어?"
"당연히 교무실에서 선생님께 들었지."
"야!"

아이들은 한껏 들떠서 저마다 탄성을 질렀어요. 오랜만에 교실이 시끌벅적했어요.

"잠시 후 전체 조회가 있습니다. 각 반은 텔레비전을 켜 주시기 바랍니다."

스피커로 방송이 나오자 반장이 앞으로 나와 텔레비전을 켰어요. 오늘은 담임 선생님이 전근 가시는 날이라서 교실에 안 계세요. 교장 선생님 옆에서 학교를 떠나시며 남길 인사말을 준비하고 계실 거예요. 모의시험에서 일등을 했다는 기쁜 소식과 5개월 동안 함께 지낸 담임 선생님이 전근 간다는 아쉬운 소식을 동시에 들으려니까 기분이 묘했어요.

조금 있다가 텔레비전 화면에 교장 선생님이 나오시고, 그 옆에 담임 선생님이 계셨어요. 그리고 그 옆에 낯선 선생님 한 분이 계셨어요. 그분이 누구인지 궁금했어요. 다른 아이들도 나와 같은 생각인지 웅성거렸어요. 다소 들떠 있으면서도 긴장된 조회가 시작됐어요.

"다들 들어서 알고 있을 테지만 우리 학교가 지난 모의시험에서 일등을 했습니다. 내가 처음 부임할 때만 해도 여러분들의 성적은 걱정스러운 수준이었어요. 그러나 공부에 대한 철저한 계획과 관리를 통해 여러분들의 수준은 놀랄 정도로 향상된 것입니다. 앞으로도 내 계획에 따라 열심히 공부한다면 여러분의 성적은 계속 향상될 것이며, '학교별 환경 평가'에서 일등은 당연히 우리 학교가 될 것입니다."

교장 선생님의 말씀이 잠깐 멈추자 반장이 박수를 치기 시작했고, 나머지 아이들도 박수를 쳤어요. 나도 친구들을 따라 박수를 치기는 했지만 교장 선생님에게 실망스러운 마음이 들었어요. 교장 선생님 말씀대로라면 모의시험에서 일등을 한 것은 다 교장 선생님의 덕분일 뿐이니까요. 우리들에게 잘했다고 칭찬 한마디 해 주실 수도 있을 텐데, 교장 선생님은 평소와 다름없는 차분한 말투로 본인만 칭찬하고 계신 셈이었어요.

"이번 모의시험으로 인해 나는 여러분의 가능성을 알 수 있었습니다. 계속 긴장의 끈을 놓지 않는다면 우리 학교는 이 지역에서뿐만 아니라 우리나라에서 최고의 학교가 될 것입니다. 그러나 안타깝게도 모의시험 성적을 높이 끌어올려 준 하철권 선생님께서 전근을 가십니다. 하철권 선생님은 교장인 저와 다른 동료 선생님들을 도와 우리 학교가 최고의 학교가 될 수 있도록 지도하셨습니다. 하철권 선생님이 다른 학교로 가시면 그 빈자리가 크게 느껴질 겁니다. 그래서 나는 하철권 선생님의 빈자리를 채우고, 우리 학교를 최고의 학교로 이끄는 데 큰 도움을 줄 선생님 한 분을 모셔 왔습니다."

교장 선생님이 소개하시자 낯선 선생님이 몇 걸음을 움직여 마이크 앞으로 나오셨어요.

"안녕하세요? 장은철이라고 합니다. 만나서 반갑습니다. 이 학교로 부임한 첫날 기쁜 소식이 있어서 정말 기분이 좋습니다. 아직 여러분들을 잘 모르지만 벌써 여러분들이 자랑스럽게 느껴지네요. 앞으로 다른 선생님들과 힘을 합쳐 여러분이 더 열심히 공부할 수 있도록 돕겠습니다."

장은철 선생님의 말씀을 듣고 나는 머릿속이 캄캄해지는 것 같았어요. 앞으로 여러분이 더 열심히 공부를 하도록 돕겠다고요? 교장 선생님만으로도 충분한데 장은철 선생님까지 힘을 보태 주신다면 우리는 이 학교에서 살아남을 수가 있을까요?

전체 조회가 끝나고 교실에서는 또 한바탕 난리가 났어요.

"새로 오신 선생님 너무 잘생겼어. 완전 내 스타일이야. 그런 분이 우리 담임 선생님이라니!"

"만날 민지를 놀리더니 이제 너까지 얼굴 타령이냐?"

"그러게 말이야. 난 아무리 잘생겼어도 교장 선생님과 비슷할 것 같아서 싫어. 왠지 공부도 더 많이 시키고 감독도 더 심하게 하실 거 같아. 우리 반만 자습 더 하는 거 아냐?"

반 아이들은 새로운 담임 선생님인 장은철 선생님에 대해 말했어요.

그때 담임 선생님과 새로 오신 장은철 선생님이 교실로 들어오셨어요.

"내일부터 너희들의 담임 선생님이시다. 나는 다른 학교로 가지만 너희들 공부 열심히 하는지 확인하는 방법이 있으니까 장은철 선생님 말씀 잘 듣고 공부 열심히 하기를 바란다! 알겠지?"

"네."

아이들은 기죽은 목소리로 말했어요. 그리고 담임 선생님은 떠나시기 전에 '학생들이 해야 할 일'에 새로운 것을 추가하셨어요. 반 아이들은 이게 다 장은철 선생님 때문이라고 투덜거렸어요.

우리가 새로 시작해야 할 일은 수학 오답 노트 정리와 영어 단어장 쓰기였어요. 문제집을 풀다가 틀린 문제를 수학 오답 노트에 쓰고 정답이 나올 때까지 푸는 거예요. 또 영어 단어장에는 하루에 한 쪽씩 영어 단어를 채워야 해요. 우리가 새로 해야 할 일 때문에 새 담임 선생님에게도 할 일이 생겼어요. 바로 우리의 오답 노트와 영어 단어장을 검사하고 쪽지 시험을 보는 일이에요.

우리 학교는 점점 더 늘어나는 학습량으로 폭발하기 직전이었어요. 지금 이 상황을 만화로 그린다면 학교 건물 꼭대기에서 모락모락 연기가 피어오를 거예요.

나는 '학생들이 해야 할 일'에 지쳐 있었어요. 기운을 내서 열심히 공부하려고 애써도 자꾸 몸이 축 처지고 머리가 무거웠어요. 수업을 듣는데 머리가 너무 아파서 더 이상은 버틸 수가 없었어요. 조용히 교실 문을 열고 복도를 걸었어요.

'쾅!'

나는 복도에 쓰러지고 말았어요. 그리고 이후 일에 대해서는 기억하지 못했어요. 한밤중에 깼을 때 병실 침대에 누워 있었고, 나를 걱정스럽게 지켜보시는 부모님만 계셨으니까요.

"인정아, 괜찮니?"

"네, 괜찮아요."

"얼마나 놀랐는지 몰라. 진짜 괜찮은 거지?"

"네, 진짜 괜찮아요. 근데 지금 몇 시에요?"

"11시 조금 넘었어."

"그럼 저 하루 종일 잠만 잔 거예요? 문제집도 풀어야 하고 오답 노트랑 단어장도 써야 하는데……."

"지금 문제집이 문제니? 초등학생이 과로라니! 다른 학교로 전학을 보내든가 해야지."

"인정아, 의사 선생님이 내일까지는 안정을 취해야 한다고 하셨어. 그러니까 마음 편하게 푹 쉬어. 내일 모레쯤에는 학교에 갈 수 있을 거야."

나는 학교에 가지 않고 병원에서 쉴 수 있어서 매우 기뻤어요. 그러나 한편으로는 '학생들이 해야 할 일'이 밀리면 더 피곤할 것 같아 걱정이 됐어요.

이튿날 나는 부모님을 졸라서 학교에 갔어요. 부모님은 이러다 큰일 난다고 한사코 말리셨지만 내 고집을 꺾지는 못하셨어요.

학교에 가는 길에 철민이를 만났어요. 철민이는 나를 보고 깜짝 놀랐어요.

"괜찮아?"

"응. 이제 괜찮아졌어."

"다행이다. 병원으로 실려 갔다고 해서 얼마나 놀랐는데……."

"내 걱정 많이 했어?"

"그럼. 애들도 다 놀라서 하루 종일 네 얘기를 했어. 갑자기 복도에 푹 쓰러지더니 아무리 흔들어 깨워도 일어나지를 않더래. 그래서 담임 선생님께서 병원까지 데려다주고 오셨다고 하더라."

"담임 선생님께서?"

"응. 장은철 선생님 말이야, 우리가 생각했던 것보다 훨씬 좋으신 분 같아."

"그러게."

나는 담임 선생님에게 감사 인사를 하고 싶었어요. 기억나지 않아도 쓰러진 나를 데리고 병원까지 가시느라 고생했을 것을 생각하니 고마운 마음이 들었거든요.

오후 수업이 끝나고 자판기에서 캔 커피를 뽑았어요. 진

작 알았다면 엄마에게 용돈을 받아서 좀 더 근사한 선물을 준비하는 건데 말이에요. 커피가 식을까 봐 교무실까지 뛰어갔는데 담임 선생님이 보이지 않으셨어요. 나는 교무실 복도를 두리번거리며 살피다가 창밖으로 담임 선생님을 봤어요. 담임 선생님은 건물 뒤에서 다른 선생님 두 분과 이야기를 나누고 계셨어요.

나는 캔 커피를 손으로 감싸고 부랴부랴 1층으로 내려갔어요. 선생님이 계신 쪽으로 가려고 모퉁이를 도는데 싸우는 듯한 목소리가 들렸어요. 나는 다급히 몸을 숨겼어요.

"아이들이 그렇게 공부하는 걸 지금까지 보고만 계셨어요? 저는 정말 이해가 안 되네요."

"장 선생님, 부임한 지 며칠 안 돼서 아직 분위기 파악이 잘 안 되나 본데요, 교장 선생님께서 우리들 말을 들으실 분 같던가요? 워낙 고집스럽게 일을 밀고 나가시는 분이라 우리는 그냥 따를 수밖에 없어요."

"아이들에게 강압적으로 공부를 시키는 것은 좋은 일이 아니라고 생각합니다. 저는 아이들이 열심히 공부할 수 있도록 돕기 위해서 온 것이지 아이들에게 공부를 강요하기 위해서 온 것이 아니에요. 전근 가신 하 선생님이 꼭 해야 하

는 일이라고 하셔서 지금도 아이들의 오답 노트, 문제집, 단어장을 검사하고 있기는 하지만 이것이 아이들에게 도움이 되는 일인지는 모르겠습니다."

"장 선생님 말대로 하면 좋겠지만 어디 그게 쉽습니까? 우리라고 고민 안 하고 가만히 있었겠어요? 어휴."

일부러 들으려 했던 것은 아니지만 나는 담임 선생님이 교장 선생님 편이 아니라는 사실을 알게 되었어요.

학교에 오신 지 며칠 되지 않았는데 학교의 문제에 대해 다른 선생님들에게 도움을 청하고 계신 듯했어요.

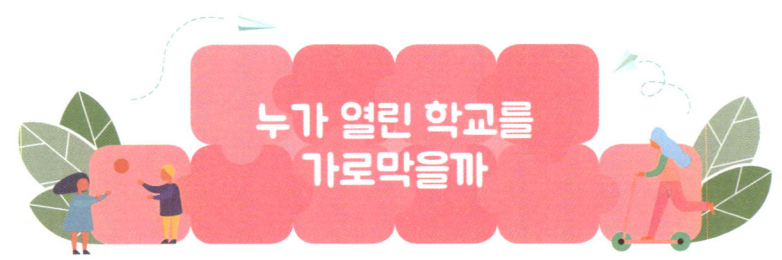

누가 열린 학교를 가로막을까

"엄마, 아빠, 드릴 말씀이 있어요."
"그래? 얘기해 봐."

나는 한참을 망설이다가 부모님에게 학교에서 있었던 일을 말씀드렸어요. 실은 교장 선생님이 부모님을 모시고 오라고 했거든요. 다른 학생들에 비해서 성적이 좋지 않은데 병원에서 하루 쉬었던 것이 못마땅하셨던 모양이에요.

"마침 잘됐구나. 안 그래도 네 담임 선생님께 감사 인사도 드리고 교장 선생님과 이야기도 나눠 보고 싶었는데 말이다."

그날 나는 점심을 빨리 먹고 교장실로 향했어요. 때마침 아빠도 교장실 쪽으로 걸어오고 계셨어요.

"점심 먹었니?"

"네, 아빠는요?"

"응, 먹고 왔어. 자, 들어가자."

나는 아빠와 함께 교장실로 들어갔어요. 나 혼자였다면 너무 두려워서 기절했을지도 몰라요. 하지만 아빠와 함께 있어서 전혀 두렵지가 않았어요.

"안녕하세요?"

"어서 오십시오. 학교까지 오시게 해서 죄송합니다."

"아닙니다. 꼭 뵙고 싶었는데 이렇게 기회가 생겨서 오히려 좋네요."

교장 선생님과 아빠는 인사를 마친 뒤 소파에 앉아 대화를 시작하셨어요. 나는 옆에서 조용히 듣고만 있었어요.

"인정이의 성적이 다른 학생들에 비해서 오르지 않습니다. 과학은 월등하게 잘하는데 다른 과목은 조금 부족합니다."

"저는 인정이의 성적이 괜찮다고 생각합니다. 과학자가 꿈인데 과학을 잘하니 다행이고, 다른 과목들도 나쁘지 않으니 꾸준하게만 하면 좋을 거라고 보는데요."

"인정이 아버님께서 그렇게 생각하시면 안 됩니다. 학생

의 발전을 생각하셔야지요."

아빠는 잠시 생각에 잠기시더니 내게 나가 있으라고 말씀하셨어요. 하지만 교장실 앞에 서 있었는데도 안에서 두 분이 하시는 말씀은 모두 들을 수 있었어요.

"학생들에게 억지로 공부를 강요하는 것이 옳다고 생각하십니까?"

아빠의 질문에 교장 선생님은 기분이 상한 듯 한동안 말씀이 없으셨어요. 여태껏 볼 수 없었던 부드러운 표정으로 아빠와 나를 바라보고 계셨는데 엷은 미소마저도 사라져 버렸을 것 같았어요.

"저는 제 교육 방식이 틀렸다는 생각을 해 본 적이 없습니다. 학교도 제가 오기 전에는 어느 것 하나 잘되는 것이 없었는데 지금은 학생들 성적도 오르고, 학교 시설도 좋아지고 있지 않습니까?"

"학생들의 성적이 오른다고 좋은 학교가 되는 것은 아니라고 생각합니다. 지금은 시대가 변해서 더 이상 강압적인 교육 방식이 맞지 않아요."

"우리 학교가 명문 초등학교로 인정받으면 인정이에게도 좋은 거 아닙니까? 더불어 이 지역의 주민들에게도 좋은 영향을 줄 수 있지요. 아버님께서 왜 저의 교육 방식을 반대하시는지 이해가 되지 않는군요."

"제가 교육자는 아니지만 공부는 학생들 스스로 하는 것이라고 믿고 있습니다. 교장 선생님의 방식으로 가르친다면 일시적으로 성적이 오를 수는 있으나 꾸준히 향상될 수는 없어요. 시간이 지날수록 학생들과 학교의 발전을 기대하기가 무척 어렵게 될 겁니다."

"인정이 아버님, 교육 전문가는 접니다. 그러니까 인정이 아버님께서는 저만 믿고 인정이를 맡겨 보세요."

"글쎄요. 교장 선생님의 교육관이 변하지 않는다면 저는 인정이의 전학을 고려해 보고 싶네요."

"아버님 뜻이 정 그러시다면 어쩔 수 없지만 잘 생각해 보시길 바랍니다."

아빠는 교장실에서 나오신 후에 한 마디도 하지 않으셨어요. 무엇인가 골똘히 생각에 잠기신 듯했어요. 나 역시 전학을 가게 될지 모른다는 생각을 하며 아무 말도 꺼내지 않았어요.

"안녕하세요?"

누군가 인사를 해서 쳐다보니 지훈이네 아버지였어요.

"어, 안녕하세요? 여기는 어쩐 일로 오셨어요?"

"지훈이를 다시 이 학교로 전학시킬 수 있는지 상담하러 왔습니다. 여기 교장 선생님께서 성적을 올리는 데는 대단한 능력이 있다고 들어서요."

"아, 그러세요."

"그런데 인정이 아버님은 무슨 일 때문에 학교에 오셨는지……."

"교장 선생님께 드릴 말씀이 있어서 왔다가 지금 가려고요. 그럼 말씀 나누고 가십시오."

"참, 지난번에 지훈이가 신세를 진 적이 있다고 하는데, 제가 인사도 제대로 드리지 못했네요. 저희 지훈이를 돌봐주셔서 감사합니다. 언제 한번 저희 집으로 놀러 오세요. 제가 저녁 식사를 대접하고 싶습니다."

"네, 그러지요."

지훈이네 아버지와 아빠는 명함을 주고받으셨어요. 아빠는 지훈이네 아버지가 교장실로 들어가는 모습을 안타까운 눈길로 바라보셨어요.

"아빠, 왜요?"

"지훈이가 걱정돼서 그래."

"저도 지훈이가 걱정돼요."

"성적이 인생의 전부도 아닌데, 꼭 저렇게까지 해야 할까? 애들이 일어나서부터 잠들 때까지 공부만 하는 게 뭐가 좋다고 그러는 건지 말이야."

"저도 아빠랑 같은 생각이에요."

"요 녀석, 그렇다고 공부를 게을리하면 안 돼. 전학을 갈지 말지는 좀 더 생각해 보자."

"네, 아빠."

내 편에서 생각하고 이해해 주시는 아빠가 너무 좋아요. 공부를 하는 건 힘들지만 내 편이 되어 주시는 아빠를 생각해서 기운을 내기로 했어요.

그런데 지훈이는 어떻게 되는 걸까요? 지훈이가 다시 우리 학교로 온다면 같은 학교에 다니게 되어서 좋지만 지훈이는 정말 힘들어할 거예요.

아빠와 같은 편이 될 수 없는 지훈이가 불쌍하다는 생각이 들었어요.

철학자의 생각

열린사회의 적들

닫힌사회는 전체주의 사회에 해당해요. 지금까지 많은 사람들이 전체주의 사회를 비판했어요. 그렇지만 전체주의에 대한 칼 포퍼의 비판은 이들과는 또 달라요. 칼 포퍼가 말한 전략은 전체주의가 기초하고 있다고 판단되는 역사주의를 공략함으로써 전체주의의 뿌리부터 붕괴시키는 것이에요. 그러므로 우리는 칼 포퍼가 비판한 전체주의와 역사법칙주의, 유토피아주의가 무엇인지 알아볼 필요가 있어요.

전체가 개인을 규제하고 간섭하는 전체주의

우리는 닫힌사회의 특징을 읽으면서 전체주의가 무엇인지 자세히 알아보았어요.

이러한 전체주의 사회는 전체 즉, 국가가 크든 작든 국민 생활의 모든 측면을 규제하고 간섭하려는 특성을 가지고 있어요. 개인은 국가를 위해 봉사해야 하는 목적을 가지며, 국가가 정한 목적에 벗어나서는 절대로 안 돼요. 전체주의를 특성으로 하는 닫힌사회에서는 개인은 무엇이 옳고 그른지 전혀 스스로 판단을 내릴 수 없고 국가만이 개인의 판단에 대해 대답할 권리를 가져요.

역사가 정해진 법칙에 따라 전개된다는 역사법칙주의

역사법칙주의는 역사란 법칙에 의해 필연적으로 전개되어 간다는 주장이에요. 만약 역사가 정말 정해진 법칙에 의해 진행된다면 우리가 할 수 있는 일은 어떤 것이 있을까요? 우리는 가능한 한 이 법칙에 순종할 것이고, 이 법칙과 조화되는 일만 할 수 있을 거예요.

칼 포퍼가 역사법칙주의를 비판한 이유는 무엇일까요? 그것은 역사법칙주의자들이 주장하는 역사의 법칙이 참다운 법칙일 수 없기 때문이에요. 역사의 과정이 정해진 역사의 법칙에 따라 전개된다고 해석하여 인간을 자유로운 창조의 주체가 아닌 운명의 노예로 만들기 때문이에요. 또 역사법칙주의에 따르면 어차피 역사는 정해진 법칙에 따라 움직이니까 우리가 어떤 사건을 만들고 실천

하는 일은 아무런 효과 없이 망상이 될 뿐이라는 것이에요.

칼 포퍼는 역사의 진행 방향이 필연적으로 결정되어 있다는 역사 결정론을 잘못된 이론이라고 주장해요. 역사법칙주의는 기본적으로 사회를 유기체로 이해하고 그런 유기체적 사회가 역사의 법칙에 따라 변화한다고 주장하기 때문에 닫힌사회의 이론적 기초가 된다고 봐요. 역사란 이성적 존재인 우리들 개개인의 선택과 결단에 따라 창조된다고 했어요. 또한 관용과 상호 비판에 기초하여 보다 자유롭고 인간적인 사회를 만들 수 있다고 주장한 점에서 칼 포퍼는 우리 시대의 대표적인 합리주의자라고 할 수 있어요.

완벽한 청사진을 실현시키려는 유토피아주의

유토피아를 추구하는 사람들은 그 시대에 무엇이 필요한지 알아내고 사회가 필요로 하는 참된 목표나 목적을 찾아낼 수 있다고 생각해요. 그리고 낡은 사고와 습관을 버리고 변화하는 새로운 세계를 이해하기 위한 새로운 관건을 발견하는 것이 그들의 중요한 임무라고 믿어요.

이런 유토피아주의는 매우 논리적으로 보이는데, 칼 포퍼는 왜 열린사회의 적(敵)이라고 보았을까요?

먼저 유토피아주의는 유토피아라는 완벽한 청사진을 그리고 그 청사진을 이 지상에서 실현시키려고 해요. 이때 그 청사진에 찬성하지 않는 사람들은 제거할 수밖에 없다고 생각해요. 그렇기 때문에 유토피아주의는 쉽게 전체주의와 결합할 수 있어요. 물론 우리는 이상 사회를 그려볼 수 있어요. 그렇지만 우리가 그리는 이상 사회는 달라질 수 있어요. 그러므로 미래에 대한 완전한 청사진을 설계하는 일은 불가능하다고 할 수 있고, 불완전한 청사진을 다른 사람에게 강요하는 건 자유에 대한 침해라고 할 수 있어요.

어떤 유토피아주의자가 완벽한 사회 청사진을 제시하고자 하는 것이 아니라 계속해서 수정될 수 있는 하나의 바람직한 사회 모형을 제시할 뿐이라고 주장한다면 우리는 그 사람에 대해 항의할 이유가 없어요. 그렇지만 우리는 그 사람에게 당신은 유토피아주의자가 아니라고 이야기할 수 있을 거예요.

즐거운 독서 퀴즈

1 다음은 인정이 아버지와 교장 선생님의 대화예요. 이 대화를 읽고 (   ) 안에 알맞은 답을 적어 보세요.

> "학생들의 성적이 오른다고 좋은 학교가 되는 것은 아니라고 생각합니다. 지금은 시대가 변해서 더 이상 강압적인 교육 방식이 맞지 않아요."
>
> "우리 학교가 명문 초등학교로 인정받으면 인정이에게도 좋은 거 아닙니까? 더불어 이 지역의 주민들에게도 좋은 영향을 줄 수 있지요. 아버님께서 왜 저의 교육 방식을 반대하시는지 이해가 되지 않는군요."
>
> "제가 교육자는 아니지만 공부는 학생들 스스로 하는 것이라고 믿고 있습니다. 교장 선생님의 방식으로 가르친다면 일시적으로 성적이 오를 수는 있으나 꾸준히 향상될 수는 없어요. 시간이 지날수록 학생들과 학교의 발전을 기대하기가 무척 어렵게 될 겁니다."

❶ 닫힌 학교를 추구하는 사람은 (   )이다.
❷ 열린 학교를 추구하는 사람은 (   )이다.

정답

❶ 교장 선생님
❷ 인정이 아버지

2 다음은 칼 포퍼가 비판한 사상과 그에 대한 설명이에요. 알맞은 것끼리 선으로 연결해 보세요.

전체주의 •   • 유토피아라는 완벽한 청사진을 그리고 지상에서 실현시키려고 함

역사법칙주의 •   • 전체 즉, 국가가 국민 생활의 모든 측면을 규제하고 간섭

유토피아주의 •   • 역사란 법칙에 의해 필연적으로 전개되어 간다는 주장

정답

• 전체주의 - 전체 즉, 국가가 국민 생활의 모든 측면을 규제하고 간섭
• 유토피아주의 - 유토피아라는 완벽한 청사진을 그리고 지상에서 실현시키려고 함
• 역사법칙주의 - 역사란 법칙에 의해 필연적으로 전개되어 간다는 주장

④ 이제 우리도 열린 학교

학교별 환경 평가 날,
시험 문제를 풀기보다 설문지를 작성하는 게
훨씬 어려웠어요. '자신의 학교를 얼마나
사랑하나요?' 특히 이 질문에는 정말 대답하기
어려웠어요. 고민 끝에 그전보다 덜 사랑하게 되었다는
답과 함께 그 이유가 무엇인지도 적었어요.
드디어 학교별 환경 평가 결과가 나온 날,
우리 학교는 어떤 점수를 받았을까요?

삶은 문제 해결의 연속

　드디어 내일이 학교별 환경 평가를 하는 날이에요. 그래서 학교 전체가 터지기 직전의 풍선 같아요. 선생님들은 굳은 표정으로 공부를 열심히 하라는 말씀만 하시고, 반 아이들은 쥐 죽은 듯이 공부만 하고 있지요.
　나도 다른 아이들처럼 조용히 공부를 하고 있기는 하지만 속마음은 달라요. 물론 내일 시험을 잘 볼 수 있을까 걱정이 되기는 해요. 그러나 내일까지만 고생하면 된다는 생각에 홀가분하기도 해요.
　아무리 공부를 강요하시는 교장 선생님이라도 학교별 환경 평가가 끝나면 '학생들이 해야 할 일'을 줄여 주시겠지요? 그러면 시간이 없어서 하지 못했던 라디오 조립을 해 볼 생각이에요.

하루 종일 문제집을 풀고 영어 단어를 외우다 보니 하교 시간이 되었어요. 담임 선생님이 내일 일정에 대해서 말씀하셨어요.

"12시 30분까지 학업 성취도 평가를 치르고 점심시간이에요. 그리고 1시 30분에 설문지를 작성하고, 2시부터 청소를 한 뒤에 집으로 돌아가면 돼요."

"어휴, 매일 시험 보는 날 같아."

현식이가 한숨을 푹 쉬며 말했어요. 그러자 담임 선생님이 어두운 표정으로 말씀하셨어요.

"많이 힘든 거 알아요. 선생님도 여러분을 위해서 노력하고 있으니까 조금만 참아 봐요."

"선생님, 내일 우리 학교를 평가하실 분들도 오시는 거예요?"

"네, 그래요. 우리 학교의 시설이나 위생 상태를 검사하시고, 학교가 잘 운영되고 있는지 살펴보실 분들이 오실 거예요."

"언제 오시는데요?"

"여러분들이 청소를 끝내고 집에 돌아갔을 때 오실 거예요. 그러니까 여러분은 우리 학교를 평가하는 모습을 보기는 어렵겠죠?"

"학교에 남아서 구경하면 안 돼요?"

"여러분들이 학교에 남아 있으면 제대로 평가하기 힘드니까 우리가 자리를 좀 비켜 드려야 하지 않을까요? 여러분은 그동안 시험공부 하느라 힘들었을 테니까 집에서 푹 쉬세요."

"네."

담임 선생님이 나가시자 반 아이들은 청소를 시작했어요. 내일이 학교별 환경 평가를 보는 날이라 다들 평소보다 더 열심히 하는 것 같았어요.

"다들 시험 잘 봐야 해. 알았지?"

"너나 잘 봐. 매일 졸면서 남 걱정은……."

"애들이 시험 못 보면 영어 단어 쓰기를 더 해야 할지도 모른단 말이야. 어제 복도에서 교장 선생님이랑 마주쳤는데 의미심장한 미소를 지으며 나를 쳐다보시더라고."

"우리가 시험을 못 보면 너뿐만 아니라 우리 모두 숙제가 늘어날걸."

"그러게 말이야. 지난번 시험은 괜히 잘 봐서 부담만 되잖아."

"모의시험에서 일등을 했다고 내일 시험에서도 일등을 해야 되는 건 아니겠지?"

나는 한숨을 푹 쉬면서 청소를 했어요. 다른 아이들도 한숨을 쉬면서 저마다 맡은 일을 했어요.

청소를 마치고 과학 학원에 갔어요. 종례 시간까지만 해도 학원에 빠질 생각이었어요. 학원 수업 대신 자율 학습을 하면서 시험 정리를 할까 했거든요.

하지만 신경이 곤두서 있는 선생님들과 친구들 때문에 마음이 편할 것 같지 않았어요. 차라리 학원에 가서 열심히 수업을 듣는 편이 나을 거라는 생각이 들었어요. 재미있게 학원 수업을 듣고 나면 기분이 좋아져서 학업 성취도 평가도 잘 볼 수 있을 테니까요. 그러나 학원 수업 내내 학교별 환경 평가에 대한 생각만 났어요. 수업 내용이 머릿속에 들어오지 않고 시험에 대한 걱정만 가득했어요. 결국 수업이 끝날 때까지 걱정만 하고 제대로 수업을 듣지 못했어요. 만약 복도에서 지훈이라도 만나지 못했다면 오늘 학원에 온 의미가 없었을 거예요.

"인정아, 무슨 일 있니?"

"왜?"

"요즘 들어 살이 많이 빠진 거 같아. 얼굴도 아픈 사람처럼 보이고 말이야."

"너도 우리 학교 엄청나게 공부시키는 거 알잖아. 다 우리 교장 선생님 덕분이지."

"참, 저번에는 학교에서 쓰러지기도 했잖아. 공부도 좋지만 건강에도 신경 써야지. 또 쓰러질까 봐 걱정된다."

"안 그래도 건강에 신경 쓰고 있어. 너야말로 괜찮니?"

나는 교장실 앞에서 지훈이네 아버지와 만난 일이 떠올라 지훈이에게 물었어요.

"응. 요즘에는 그냥 그래. 어차피 바이올린이 부서져서 엄마, 아빠가 사 주시지 않으면 켤 수 없잖아. 할 일도 없고 해서 아빠 소원대로 공부만 하고 있어."

"그렇구나."

"참, 우리 아빠가 가족들이랑 다 같이 저녁 먹으러 오라고 하셨어. 다음 주말에 시간이 괜찮으신지 부모님께 여쭤 봐."

"응. 알았어."

"그럼 내일 보자."

"응, 안녕."

지훈이와 헤어져 집으로 돌아왔어요. 오늘은 제대로 공부를 하지 못했으니까 저녁을 먹고 수학 오답 노트를 정리해야겠다고 마음먹었어요. 그러나 저녁을 먹고 나니 너무 피곤해서 책상에 앉아 있을 수가 없었어요. 이불 속에서 영어 단어를 외우려고 책을 폈지만 나는 어느새 곤히 잠이 들고 말았어요.

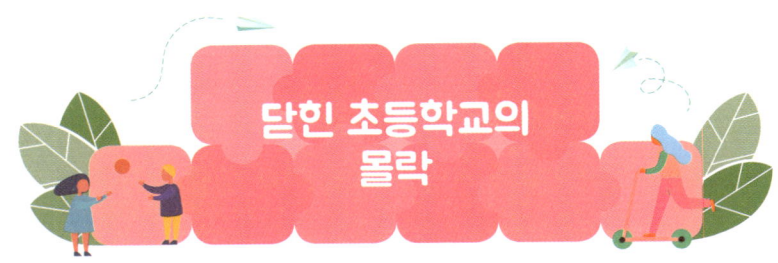

닫힌 초등학교의 몰락

바로 그날이에요. 학업 성취도 평가가 시작되고 한 문제 한 문제를 열심히 풀었어요. 시험지를 받기 전에는 심장 뛰는 소리가 들릴 정도로 떨렸는데, 문제를 풀다 보니 오히려 차분해졌어요.

'이 정도쯤이야.'

그동안 총정리 문제집을 열심히 공부해서인지 문제가 어렵게 느껴지지 않았어요. 다른 아이들도 나와 마찬가지인 모양이에요. 조용한 교실에 시험지 바스락거리는 소리와 연필 사각거리는 소리밖에 들리지 않았어요. 예전에는 한숨 소리도 들리고 답을 찍느라 연필 굴리는 소리도 들렸는데 말이에요.

학업 성취도 평가가 끝난 뒤에는 점심을 먹고 설문지를 작성했어요. 설문지는 시험이 아니니까 마음이 한결 가벼웠어요. 그리고 시험을 잘 보았으니 얼른 집에 가서 쉬었으면 좋겠다는 생각뿐이었어요.

하지만 설문지를 받아 첫 문제를 보자마자 내 생각이 잘못되었다는 것을 깨달았어요. 학업 성취도 평가보다 설문지의 문제가 훨씬 대답하기 어려웠거든요.

학업 성취도 평가는 대부분 객관식이라 모르면 찍을 수 있었는데 설문지의 질문은 어느 것 하나 대답하기 쉬운 문

문제를 잘 읽고, 구체적이고 성실한 답변을 해 주세요.

1. 학교에서 공부를 하는 것이 즐겁습니까?
2. 1번의 대답을 선택한 이유를 쓰세요.
3. 학교 내 시설에 만족합니까?
4. 학교 내 시설을 얼마나 자주 이용하나요?
5. 선생님 및 친구들과의 관계는 어떻습니까?
 (……)

제가 없었어요. 설문지 작성 시간이 한 시간인 이유를 이제야 이해할 수 있었어요.

'어차피 한 시간 동안 해야 하는 거니까 신중하게 하자.'

나는 학업 성취도 평가를 볼 때보다 집중해서 답을 적었어요.

드디어 마지막 문제였어요.

'자신의 학교를 얼마나 사랑하나요?'

아, 정말 대답하기 어려운 문제예요. 나는 우리 학교를 얼마나 사랑하고 있을까요?

1년 전에 이런 문제를 받았다면 아무 고민 없이 우리 부모님 다음으로 학교를 사랑한다고 대답했을 거예요. 그렇지만 지금은 우리 부모님 다음으로 사랑할 만큼 학교가 좋지는 않아요.

새로 부임하신 교장 선생님 때문에 몸과 마음이 너무나 힘드니까요. 나는 우리 학교를 사랑하지만 그동안 여러 일들로 전보다는 덜 사랑하게 되었다고 썼어요. 물론 그 여러 일들이 무엇인지에 대해서도 자세히 적었어요.

설문지 작성 시간이 끝나고 홀가분해진 아이들은 시끌벅적 떠들기 시작했어요. '학생들이 해야 할 일'을 시작한 뒤로 오랜만에 있는 일이었어요.

"설문지에 나온 문제 너무 어렵지 않았니?"

"맞아. 학업 성취도 평가보다 더 어려워."

"객관식 문제는 하나도 없고, 다 주관식이야."

"난 그냥 솔직하게 썼는데 괜찮을까?"

"사실대로 쓴 건데 뭐 어때? 나도 공부하는 게 힘들어서 학교 다니기 싫다고 썼어."

"나도 마찬가지야. 매일 공부만 하느라고 친구들이랑 놀 시간도 없고, 선생님들은 공부하라는 말만 하신다고 썼어."

"학업 성취도 평가만 잘 보면 되겠지 뭐. 설마 정답도 없는 설문지로 점수를 주겠어?"

"맞아. 근데 이제 뭐 할 거야?"

"그동안 공부만 해서 막상 시간이 많이 남으니까 뭘 해야 할지 모르겠어."

"난 빨리 집에 가서 자고 싶어. 어제 공부하느라 잠도 제대로 못 잤거든."

"시험이 끝났는데 놀아야지. 자는 시간도 아깝다."

"맞아. '학생들이 해야 할 일' 2탄이 나오기 전에 열심히 놀아 둬야지. 얘들아, 우리 집에 가서 게임할래?"

"난 좋아. 너는?"

"난 그냥 잘래."

반 아이들은 저마다 하고 싶은 일을 생각하고 교실 밖을 나섰어요. 오랜만에 활기를 띠었던 교실은 금세 조용해졌어요. 이제부터는 학교별 환경 평가를 하시는 분들이 교실을 둘러볼 일만 남았겠지요?

기다리고 기다리던 학교별 환경 평가 점수가 발표되었어요. 오늘 전체 조회 시간에 점수를 발표한다고 해서 설레는 마음으로 등교를 했어요.

학교 교문을 들어서자 등교하는 아이들 사이로 선생님이 아닌 어른들이 무리를 지어 본관으로 가는 것이 눈에 띄었어요.

'아침부터 부모님들이 학교에 오신 건가?'

교실에 들어서니 반 아이들이 시끄럽게 떠들고 있었어요.

"인정아, 얼른 와 봐. 엄청난 소식이 있어."

철민이가 비밀스러운 이야기라도 하려는 듯 말했어요.

"왜? 우리 학교가 일등이라도 했대?"

"그럼 다행이게. 우리 학교가 거의 꼴등 수준이래."

"정말?"

"응. 그나마 학업 성취도 평가 점수가 높아서 꼴등을 하지 않은 거래. 진짜 놀랍지?"

"도대체 어떻게 된 거야?"

"소문이긴 하지만 설문 조사 한 거랑 학교 시설 면에서 낮은 점수를 받았대. 이럴 줄 알았으면 설문지에 좋은 얘기만 쓸 걸 그랬나 봐."

나는 철민이의 이야기를 믿을 수가 없었어요. 열심히 공부하고 청소하느라 과로로 쓰러지기까지 했는데 우리 학교가 꼴등 수준이라니 믿고 싶지 않았어요. 하지만 안타깝게도 철민이의 말은 사실이었어요. 우리 학교는 너무 공부에만 열중한 나머지 학업 성적이 높은 것 외에는 심각한 상황이었어요. 전해 들은 바로는 우리 학교가 굉장히 깨끗해서 위생 상태는 좋았지만 주입식 수업을 하고 있어서 기자재를 잘 활용하지 못하고 있대요. 시설만 갖추고 있을 뿐이지 학생들을 위해서 쓰지 않아 문제라고 했어요.

설문 조사 결과를 보면 우리 학교 학생들은 공부에 대한 스트레스에 시달려 학교를 매우 싫어하게 되었고, 일부 학생들은 정신적인 문제까지 보이기도 한대요. 또 교사와 학생들 사이의 관계가 친밀하지 못하고 학생들끼리도 경쟁 심리가 지나쳐서 공부를 빼놓고는 무슨 얘기를 해야 할지 모를 정도래요.

여러 가지 문제들이 있지만 그중에서 가장 큰 문제는 학생들이 학교를 굉장히 싫어한다는 사실이었어요. 모의시험에서 일등을 했을 때의 뿌듯함보다 공부로 인한 스트레스가 더 컸던 거예요.

이런 부정적인 결과들을 종합해서 우리 학교는 학생들이 다니기 싫어하는 학교가 되어 버렸어요.

이후 우리 학교는 학교별 환경 평가로 인해 크고 작은 소란에 시달려야 했어요. 학교는 많은 학부모님들이 오시는 바람에 항상 시끄러웠고, 선생님들의 표정은 어두웠어요. 심지어 교무실과 같은 층에 있는 반은 과학실에서 수업을 하거나 몇 명씩 나뉘어서 다른 반에서 수업을 듣기도 했어요. 우리 반에도 다른 반 아이들이 몇 명 왔는데, 그 애들이 교무실 주변에서 있었던 일을 이야기할 때 아이들은 귀를 쫑긋 세우고 들었어요.

"우리가 아래층에 있을 때는 시끄러워서 수업을 듣지도 못할 정도였다니까. 얼마나 전화벨이 울리는지 가만히 있어도 귓속에서 따르릉따르릉하는 것 같았어."

"와, 진짜 심하다."

"전화벨보다 아줌마, 아저씨가 더 심해. 선생님한테 막 따지고 소리 지르고 무서웠어."

"맞아. 어떤 아저씨는 우리에게 다 들릴 정도로 큰 목소리로 '학교가 유명해질 거라고 해서 믿고 투자했는데 이제 어쩔 거야?' 하면서 화를 내더라고."

짧은 머리에 줄무늬 티셔츠를 입은 아이가 얼굴을 잔뜩 찌푸리고 화가 난 목소리로 아저씨 흉내를 냈어요.

"혹시 그 아저씨가 우리 운동장에 있는 축구 골대랑 농구 골대, 철봉 사 주신 분 아닐까? 전에 우리 담임 선생님께서 말씀하셨잖아. 아주 훌륭한 분이 우리 학교를 위해서 체육 시설을 기부하셨다고."

"응, 나도 기억나. 만약에 그렇다면 그 아저씨가 도로 가져가셔도 될 텐데……. 우리는 공부하느라 바빠서 그런 건 만져 보지도 못했잖아. 거의 새 거나 다름없을 거야."

"그래도 몇 번 써서 안 돼. 이미 흙이 묻은 데다 비를 맞은 적도 있어."

반 아이들은 키득거렸지만 곧 웃음을 잃었어요. 나도 철봉을 뽑아 가는 아저씨의 모습을 상상하다가 웃기는 했지만 기분이 울적해졌어요.

　아저씨가 스스로 기부를 했든 교장 선생님의 권유로 했든 간에 우리 학교의 발전을 위해서 한 일일 텐데 왜 그 일을 따지는 걸까요? 교장 선생님께서 기부를 바라셨다고 해도 교장 선생님 역시 학교를 위해서 말씀하셨을 텐데 말이에요.

　어른들은 학교에 끊임없이 찾아와 교장 선생님의 낡은 교육 방식을 비난하고 교장 선생님이 책임을 져야 한다고 하셨어요. 교장 선생님께서는 학교 발전을 위해 온갖 노력을 하셨지만 결국 다른 학교로 떠나시게 되었어요. 공부의 압박 때문에 교장 선생님을 싫어하기는 했지만 떠나시는 모습을 보니 가슴이 아팠어요.

열린 학교로 가는 길

주말을 맞아서 우리 가족은 지훈이네 집으로 저녁을 먹으러 갔어요.

"안녕하세요?"

"어서 오세요."

지훈이 아버지가 우리 가족을 반갑게 맞이하셨어요. 지훈이 어머니도 앞치마에 손을 닦으며 현관으로 나오셨어요.

"어서 들어오세요. 주말이라 차가 밀렸을 텐데 오시느라 고생하셨어요."

"아닙니다. 생각보다 멀지도 않고 차가 밀리지도 않던데요. 주말에 쉬셔야 할 텐데 저녁 식사에 초대해 주셔서 감사

합니다."

어른들의 긴 인사가 끝나고 우리는 저녁상에 둘러앉았어요.

"차린 건 변변치 않지만 많이 드세요."
"잘 먹겠습니다."
"그래, 많이 먹어."
"녀석, 급하기는."
"하하하하."

지훈이네 집에 들어가기 전부터 배가 많이 고팠거든요. 더구나 지훈이 어머니가 차린 음식은 아주 훌륭했어요. 겉으로 봐서는 요리사 수준이었어요.

먹고 싶은 음식들을 차례차례 맛보았어요. 보기 좋은 만큼이나 맛도 아주 좋았어요. 우리는 음식 얘기를 나누며 저녁 식사를 마쳤어요. 저녁상을 정리한 뒤에 거실에서 과일을 먹었어요. 저녁을 먹을 때에는 음식 얘기도 하고 저녁도 먹어야 하니까 썰렁해질 틈이 없었는데 다들 멀찌감치 앉아서 과일을 먹으니까 서먹한 것 같기도 했어요. 다행히 아빠가 말문을 열어서 잠깐 동안의 침묵이 깨졌어요.

"아! 전에 입학 상담하러 오셨잖아요?"

"네, 그때 교장 선생님께서 전학생이 올 수 있는 자리가 있으니까 전학을 할 거면 빨리 하라고 하시더라고요. 근데 그 교장 선생님께서 다른 학교로 가셨으니 전학 갈 필요가 없어졌지요."

"그 교장 선생님의 교육 방식에 대해서 들어 보셨어요?"

"네, 애한테 조금 무리가 될 것 같다는 생각은 들었지만 능력 위주의 교육 방식이 꽤 마음에 들던데요."

지훈이 아버지는 아쉽다는 표정을 지으셨어요. 아빠는 지훈이 아버지의 대답을 듣고 놀라신 듯했어요.

"그래요? 전 그 교장 선생님의 교육 방식이 마음에 들지 않아서 인정이를 다른 학교로 전학을 보낼까 했거든요. 인정이가 다른 학교로 전학 가기 전에 학교를 그만두셔서 지금은 꼭 그럴 필요가 없어졌지만요."

"그런데 왜 그만두셨대요?"

지훈이 어머니가 사과를 깎다 말고 물으셨어요.

"인정이네 교장 선생님께서 너무 무리하게 공부를 시키셨잖아요. 우리 인정이는 공부를 하다가 쓰러져서 병원에 입원한 적도 있다니까요."

"어머나, 세상에."

"또 다른 이유도 있습니다. 학교별 환경 평가에서 거의 꼴등를 했거든요."

아빠가 엄마의 대답에 보태어 말씀하셨어요.

"아니, 저는 이해가 가지 않습니다. 우리 지훈이네 학교는 별로 공부를 시키지도 않는 것 같은데 학교별 환경 평가에서 우수 학교로 뽑혔어요. 그런데 어떻게 인정이네 학교가 꼴등 수준일 수가 있지요?"

"성적이 중요하긴 하지만 제일 중요한 것은 아니기 때문입니다. 인정이네 교장 선생님은 학생들에게 엄청난 양의 공부를 하라고 강요하셨거든요. 아이들의 체력이나 인성, 교우 관계는 전혀 고려하지 않고 강제적으로 공부만 시키니 탈이 나지 않을 수가 없었겠지요."

"교장 선생님의 말씀을 듣고 있을 때는 괜찮은 분이라고 생각했었는데……."

"물론 인정이네 교장 선생님이 무조건 나쁘다고 할 수만은 없을 거예요. 학교의 발전과 학생들의 성적 향상을 위해서 그런 교육 방식을 선택하셨을 테니 말입니다. 하지만 학생들이나 학부모, 여러 선생님들의 요구가 무엇인지 전혀 고민하지 않는 태도가 문제였지요."

"그래도 교장 선생님이 자신만을 위해서가 아니라 전체를 위해서 하신 일이니 무조건 나쁘다고만 할 수는 없을 거예요."

"어쨌든 인정이네 학교에서는 이번 일을 계기로 닫힌사회의 문제점을 뼈저리게 느꼈을 테니 스스로 변하려고 노력하겠지요. 좋은 모습으로 바뀌어야 할 텐데 걱정이에요."

"걱정하지 마세요. 인정이네 학교는 그동안 여러 가지 사건을 겪었으니 더 좋은 방향으로 발전해 나갈 거예요."

"참, 오늘 우리 학교 교장 선생님께서 텔레비전에 나오신다고 했는데……."

어른들의 긴 대화를 조용히 듣던 지훈이가 말을 꺼냈어요. 지훈이 아버지는 텔레비전을 켜서 지훈이네 교장 선생님이 나오는 방송을 찾으셨어요. 이제 막 방송이 시작된 듯 사회자와 지훈이네 교장 선생님이 인사를 나누고 있었어요.

"저 분이 우리 교장 선생님이세요."

우리는 이야기를 멈추고 텔레비전에 집중했어요. 사회자와 교장 선생님의 인사가 끝나자 지훈이네 학교가 소개되었어요. 우수 학교는 어떤 모습일까, 지훈이가 다니는 학교는 어떨까 하며 유심히 살펴보았는데 겉모습은 우리 학교와 크게 다르지 않았어요. 어쩌면 우리 학교의 시설이 더 좋을지도 모른다는 생각이 들었어요.

이윽고 사회자와 지훈이네 교장 선생님의 인터뷰가 시작되었어요.

"우수 학교로 선정된 비결이 무엇이라고 생각하십니까?"

"모두 훌륭한 학생들 덕분이지요. 학생들이 학교를 사랑하고 열심히 생활했기 때문에 우리 학교가 우수 학교로 선정될 수 있었습니다."

"교장 선생님께 남다른 교육 철학이 있다고 들었는데, 무엇인가요?"

"남다른 교육 철학이라고 말씀드리기에는 부끄럽습니다. 저뿐만 아니라 많은 선생님들께서도 가지고 있는 생각이에요. 저는 아이들 스스로 참여할 수 있도록 이끄는 교육이 가치가 있다고 믿고 있습니다."

"일부 교육자들은 아이들이 스스로 공부하도록 지켜보는 것은 교육이 아니라 방관이라고 하기도 합니다. 어떻게 생각하십니까?"

"그것은 교육자에 따라 다를 수 있다고 생각합니다. 저는 학생들의 꿈과 능력을 믿어요. 학생들은 자신의 꿈을 마음

에 품고 그 꿈을 키워 나가기 위해 노력합니다. 이것은 강요해서 되는 것이 아니지요. 우리가 학생들의 꿈을 이해하고 그 꿈을 이룰 수 있도록 도와주면 되는 거지요."

"좀 더 구체적으로 말씀해 주시겠습니까?"

"많은 사람들이 공부를 시키면 학생들의 능력이 향상될 거라고 생각합니다. 물론 일시적으로는 그럴 수 있겠지만 억지로 시키는 사람이 없으면 강요당하던 학생은 갈 길을 잃고 말 거예요. 정말 중요한 것은 학생 스스로가 판단하고 판단에 따라 행동을 하며 그 행동에 책임을 질 수 있도록 교육하는 거지요."

지훈이네 교장 선생님 인터뷰를 들으니 우리 엄마, 아빠가 무척 고맙게 느껴졌어요. 비록 우리 학교 교장 선생님은 열린 사고방식을 갖고 계시지 않았지만 나에게는 열린 초등학교 교장 선생님 같은 분이 두 분 계시니까요.

유심히 텔레비전을 보고 계시던 아빠가 환하게 웃으며 말씀하셨어요.

"아무래도 열린 초등학교에 가서 입학 상담을 받아야겠는데요."

"이왕이면 이 동네로 이사도 오세요. 가끔씩 두 가족이 모

여 식사도 같이 하면 좋지 않겠습니까? 허허허."

"한번 고민해 보겠습니다. 하하하."

지훈이네 집에서의 저녁 식사는 웃음소리로 끝났어요.

며칠이 지났어요. 갑자기 지훈이에게 전화가 왔어요.

"인정아, 오늘 학원 수업 몇 시에 끝나?"

"7시에 끝나는데, 왜?

"응, 7시쯤 학원 복도에서 보자."

"너 오늘은 학원에 안 나오는 날이잖아."

"나 앞으로 그 학원에 안 다녀."

나는 순간 지훈이네 아버지가 더 좋은 학원이라도 알아보셨나 하는 생각이 들었어요.

"왜? 다른 학원에 다니는 거야?"

"아니, 이젠 학원에 안 다녀. 그동안 학원에 다니느라 못 했던 걸 열심히 해 보려고. 오늘은 학원에 가서 선생님께 인사를 드리고, 너에게 자랑할 것도 있고······."

"자랑할 거?"

"응."

"알았어. 기대하고 있을게."

"그럼, 이따 만나자."

지훈이가 앞으로 학원에 다니지 않고 무엇을 열심히 할지, 나에게 자랑할 것이 무엇인지 짐작이 갔지만 내색하지 않았어요.

아마도 지훈이네 아버지가 지훈이의 꿈을 이해하고 도와주기로 결정하셨겠지요? 우리 엄마, 아빠가 말씀하신 우리 학교 이야기와 열린 초등학교 교장 선생님이 말씀하신 교육 철학이 지훈이 부모님 마음을 움직여 지훈이를 이해하게 한 것이 분명해요.

이제 남은 숙제는 우리 학교에 열린 교장 선생님이 오시는 거예요.

나는 예전과 마찬가지로 서둘러 학교에 갔어요. 멋진 교장 선생님이 오시기를 기대하면서 말이에요.

철학자의 생각

열린사회로의 길

반증 가능성의 원리 : 사회 재구성의 원리

칼 포퍼는 '반증 가능성의 원리'를 제시했는데, 이는 모든 과학적 이론은 거짓인지 아닌지 밝히는 일이 가능해야 한다는 것이에요. 칼 포퍼는 과학과 과학 아닌 것을 구별하는 기준으로 반증 가능성의 원리를 제시했어요. 한 이론이 과학적 자격을 얻기 위해서는 그 이론에 대해 모순되는 점을 생각할 수 있고, 그것을 경험에 의해서 반증할 수 있도록 제시해야 한다는 것이에요. 쉽게 말해서 과학적 이론이 거짓인지 아닌지를 밝힐 수 있느냐 그렇지 못하냐가 분명해야 해요.

예를 들어 설명해 볼게요. 모든 사람들이 빨간 장미만 봤다고 가정해요. 그래서 사람들은 '모든 장미는 붉다.'라는 결론을 내렸어요. 그런데 인정이가 길을 걷다 빨갛지 않은 장미를 보았어요. 그러면 '모든 장미가 붉은 것은 아니다.'라는 결론을 내리겠죠? 즉, 우리의 예측이 경험한 사실과 항상 똑같지만은 않다는 것을 알 수 있어요. 그래서 우리는 항상 관찰하고 실험하고, 이 이론과 맞지 않는 사실은 없는지 항상 비판하면서 봐야 해요.

위의 예를 보면 칼 포퍼의 '반증 가능성의 원리'가 실제 과학 이론에만 적용되는 것처럼 보이지만 사실은 아니에요. 바로 비판을 받아들이는 자세가 꼭 필요한 열린사회에서도 '반증 가능성의 원리'가 적용된답니다. 그럼 반증 가능성의 원리가 사회 속에서는 어떻게 적용될까요?

열린사회에서는 통치자가 낸 정책이 올바르지 않다고 판단되면 근거를 들어 비판하고 정책을 바꿀 수도 있어요. 그러나 닫힌사회에서는 정책의 잘못된 점을 꼬집어도 통치자는 전혀 들으려고 하지 않아요.

우리나라의 경우를 예로 들어 볼게요. 예전에 대운하 사업 정책이 있었어요. 대운하는 우리나라에 커다란 인공 강을 만들어서 홍수와 가뭄에 대비하고, 물류를 운반할 수 있도록 하는 것이 그 목적이에요. 대운하 사업을 하면 일자리가 많이 늘어난다는 장점이 있지만 땅과 산을 파헤쳐야 해서 심각한 환경 오염이 발생할 수 있고, 엄청난 자본이 들어가는 일이라서 많은 사람과 시민 단체에서 대운하 사업 정책을 비판했어요. 결국 정부는 대운하 사업을 잠정적으로 중단한다는 결정을 내렸어요. 이는 정부가 독단적으로 정치를 하는 것이 아니라 비판하는 목소리를 받아들이고 잘못된 것은 수정한다는 사실을 보여 주는 것이에요.

여러분도 학교와 학급, 가정에서 일어나는 일을 항상 비판적인 시각으로 볼 필요가 있어요. 이것은 사물을 부정적으로 보자는 의미가 아니에요. 잘못된 것은 없는지 정말 사실인지, 나쁜 결과를 초래하는 일은 아닌지 등을 알아봐야죠. 그리고 반대 의견을 내는 사람들의 목소리도 열린 마음으로 듣고 수용할 수 있는 자세를 가져야 해요. 다른 사람에게도 좋은 의견이 있다면 받아들이고 더욱 발전시켜야 해요.

합리적인 사회를 위해

칼 포퍼는 닫힌사회에서 열린사회로 바뀌는 일을 인류가 수행한 위대한 혁명 중의 하나라고 보았어요. 사람들이 사회 제도에 대해 그것이 외부에서 주어지는 것이 아니라 사람들이 만든 것이란 사실을 깨닫고, 어떻게 현재의 삶에 알맞은 사회 제도를 만들 것인가를 검토하기 시작하면서 닫힌사회는 비로소 열린사회로 변화하기 시작했어요.

칼 포퍼는 닫힌사회가 붕괴되고 열린사회로 가게 되는 가장 큰 원인을 과학 기술과 교통의 발달이라고 보았어요. 기술이 발달하지 못한 사회에서는 미신과 금기가 큰 영향력을 행사하고 있어요.

여러분은 사극이나 공포 영화를 본 적이 있나요? 그런 드라마나 영화를 보면 짚으로 만든 인형을 바늘로 찔러 싫어하는 사람을 괴롭히는 장면이 가끔 나올 거예요. 오늘날에는 잘 볼 수 없는 미신적 행위이죠. 기술이 발달하지 않았던 작은 마을 안에서 생긴 금기 사항은 변하지 않고 꾸준히 이어져 왔어요. 그러다 과학 기술이 점점 발달하면서 사람들은 자신이 믿었던 미신이 잘못되었다고 깨닫게 되었어요.

열린사회란 자유주의 사회의 다른 이름이라고도 할 수 있어요. 왜냐하면 자유주의 제도 안에서 사람은 누구든지 자신의 이익을 자유로이 추구할 수 있으며, 어떤 제도의 유지나 변경에 대해서도 자유롭게 토론할 수 있기 때문이에요. 그런 의미에서 자유주의 사회는 닫혀 있지 않고 열려 있는 사회예요.

그러나 열린사회로 가는 길이 과학 기술의 발달에 의해서 자연적으로 이루어지는 것은 아니에요. 칼 포퍼는 사람들의 이성이 계몽되어야 열린사회로 갈 수 있다고 강조했어요.

이성이 계몽되면, 서로의 잘못을 발견할 수 있고, 의견의 일치를 보기가 쉬워질 수 있어요. 우리가 이성적으로 판단하고 행동할 때 합리주의적 태도를 갖는다고 해요. 합리주의는 비판에 귀를 기울이는 태도이며, 실수로부터 배우고자 하는 태도라고 할 수 있어요. 이런 합리주의에 의해서만 우리는 합리적인 사회를 만들 수 있어요.

즐거운 독서 퀴즈

1 다음은 지훈이네 교장 선생님이 텔레비전에서 인터뷰한 내용이에요. ( ) 안의 a와 b가 바르게 연결된 것은 무엇일까요? ( )

> "일부 교육자들은 아이들이 스스로 공부하도록 지켜보는 것은 교육이 아니라 방관이라고 하기도 합니다. 어떻게 생각하십니까?"
>
> "그것은 교육자에 따라 다를 수 있다고 생각합니다. 저는 학생들의 꿈과 능력을 믿어요. (중략) 우리가 학생들의 꿈을 이해하고 그 꿈을 이룰 수 있도록 도와주면 되는 거지요."
>
> "좀 더 구체적으로 말씀해 주시겠습니까?"
>
> "많은 사람들이 공부를 시키면 학생들의 능력이 향상될 거라고 생각합니다. 물론 일시적으로는 그럴 수 있겠지만 억지로 시키는 사람이 없으면 강요당하던 학생은 갈 길을 잃고 말 거예요. 정말 중요한 것은 학생 스스로가 (a   )하고 판단에 따라 행동을 하며 그 행동에 (b   )을/를 질 수 있도록 교육하는 거지요."

❶ 판단 – 책임   ❷ 생각 – 책임
❸ 판단 – 권리   ❹ 생각 – 권리

정답

❶ 판단 – 책임

2 다음은 칼 포퍼가 제시한 '반증 가능성의 원리'에 대한 설명이에요. 맞으면 ○, 틀리면 × 표시를 해 보세요.

❶ 모든 과학적 이론은 거짓인지 아닌지 밝힐 수 있는 일이 가능해야 한다고 하는 것이다. ( )

❷ 한 이론이 과학적 자격을 얻기 위해서는 그 이론을 증명할 수 있고, 그것을 경험에 의해서 또다시 증명해야 한다는 것이다. ( )

❸ 우리는 항상 관찰하고 실험하고, 이 이론과 맞지 않는 사실은 없는지 항상 비판하면서 봐야 한다. ( )

❹ 과학 이론에만 적용되는 것이 아니라 비판을 받아들이는 자세가 꼭 필요한 열린사회에서도 적용된다. ( )

❺ 열린사회에서는 통치자가 낸 정책이 올바르지 않다고 판단되더라도 비판하기보다 그대로 받아들여야 한다. ( )

정답
❶ ○ ❷ × ❸ ○ ❹ ○ ❺ ×

3 다음은 반증 가능성의 원리를 설명한 부분이에요. (   ) 안의 a와 b가 바르게 연결된 것은 무엇일까요? (   )

> 여러분도 학교와 학급, 가정에서 일어나는 일을 항상 (a   )으로 볼 필요가 있어요. 이것은 사물을 부정적으로 보자는 의미가 아니에요. 잘못된 것은 없는지 정말 사실인지, 나쁜 결과를 초래하는 일은 아닌지 등을 알아봐야죠. 그리고 반대 의견을 내는 사람들의 목소리도 (b   )으로 듣고 수용할 수 있는 자세를 가져야 해요. 다른 사람에게도 좋은 의견이 있다면 받아들이고 더욱 발전시켜야 해요.

❶ 긍정적인 시각 – 닫힌 마음
❷ 비판적인 시각 – 닫힌 마음
❸ 긍정적인 시각 – 열린 마음
❹ 비판적인 시각 – 열린 마음

정답: ❹ 비판적인 시각 – 열린 마음

4 다음은 닫힌사회에서 열린사회로 가는 길에 대한 설명이에요. 맞으면 ○, 틀리면 × 표시를 해 보세요.

❶ 칼 포퍼는 닫힌사회가 붕괴되고 열린사회로 가게 되는 가장 큰 원인을 과학 기술과 교통의 발달이라고 보았다. (   )

❷ 자유주의 제도 안에서 사람들은 자신의 이익을 자유로이 추구할 수 없으며, 어떤 제도의 유지나 변경에 대해서도 말하기 힘들다.
(   )

❸ 자유주의 사회는 열려 있지 않고 닫혀 있는 사회이다. (   )

❹ 칼 포퍼는 사람들의 이성이 계몽되어야 열린사회로 갈 수 있다고 강조했다. (   )

❺ 우리가 본능적으로 판단하고 행동할 때 합리주의적 태도를 갖는다고 한다. (   )

❻ 합리주의는 비판에 귀 기울이는 태도이며, 실수로부터 배우고자 하는 태도이다. (   )

정답
❹ ○   ❺ ×   ❻ ○
❶ ○   ❷ ×   ❸ ×

에필로그

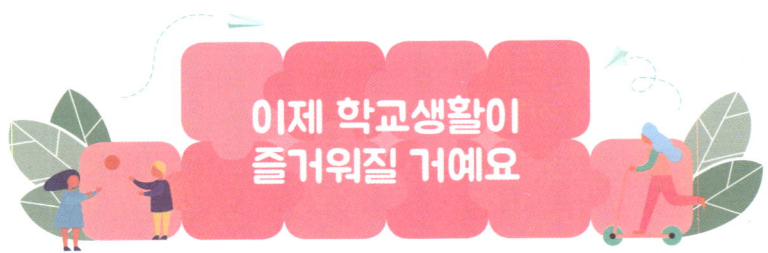

이제 학교생활이 즐거워질 거예요

    전체 조회가 시작되었어요. 새로운 교장 선생님이 오신다는 소식에 학교는 소란스러웠어요.

    "얘들아, 우리 아빠가 새 교장 선생님을 봤는데, 정말 잘생기셨대."

    "저번에는 엄마가 보셨다더니 이번에는 아빠야?"

    "이번에는 정말 확실해. 우리 아빠가 눈이 좀 높으시거든."

    "그래? 이번에야말로 민지가 할아버지 선생님을 따라다니는 걸 볼 수 있겠네."

    "내가 교장 선생님이 잘생겼다고 했지, 따라다닌다고 했니?"

"민지 좀 그만 놀리고, 민지의 말이 맞기를 기대해 보자."

여자아이들은 약속이나 한 것처럼 예전과 비슷한 이야기를 나누었어요. 하지만 나는 예전처럼 교장 선생님의 모습을 상상하지 않았어요. 한 번도 본 적이 없는 사람의 얼굴을 떠올린다는 것은 힘든 일일 뿐만 아니라 곧 새 교장 선생님의 얼굴을 보게 될 테니까요.

드디어 새 교장 선생님이 텔레비전 화면에 나타나셨어요. 순간 교실에서는 '와' 하는 탄성이 흘렀어요.

민지 말대로 새 교장 선생님은 정말 잘생긴 분이셨어요. 머리가 하얗게 센 할아버지처럼 보이지도 않았고 텔레토비라는 별명이 붙을 만큼 배가 나오지도 않았어요.

교장 선생님이 어떤 말씀을 하실지 귀를 기울였어요. 외모만 멋진 것이 아니길 바라면서요.

"여러분, 만나서 반갑습니다. 저는 앞으로 여러분들을 도와 학교를 이끌어 나갈 교장 김용식입니다."

교장 선생님의 간단한 소개가 끝나자 학교 선생님들과 아이들은 박수를 쳤어요. 박수 소리가 어찌나 크던지 운동장이 들썩거렸어요.

"그동안 학교에서 일어난 일들에 대해 많이 들었어요. 선생님들과 학생들의 마음고생이 심했을 거예요."

　교장 선생님이 잠깐 말씀을 멈추고 물을 한 모금 드셨어요.

　"전에 계셨던 두 교장 선생님께서도 여러분을 많이 사랑하고, 학교를 위해서 노력을 기울이셨을 겁니다. 다만 중요하게 생각하는 것이 달랐을 뿐이에요. 저는 여러분에게 즐거운 마음으로 다닐 수 있는 학교를 선물하고 싶습니다. 그렇게 되기 위해서는 공부를 잘하는 것보다 꿈을 가지는 것이 중요하다는 것을 가르쳐야 하겠지요?"

　교장 선생님의 말씀을 듣고 굉장히 기뻤어요. 교장 선생님은 차분한 목소리로 자신의 생각을 이야기하셨어요.

　"우리 사회에는 다양한 모습과 다양한 성격을 지닌 사람들이 어울려 살아가고 있어요. 우리는 서로 다르다는 것을 인정하고 잘못된 것을 정당하게 비판하는 방법을 배워야 합니다. 여러분들이 그 방법을 배울 수 있도록 돕는 것이 내가 할 일이라고 생각합니다."

　전체 조회가 끝나고 아이들은 저마다 교장 선생님에 대한 이야기를 늘어놓았어요.

　"새로 오신 교장 선생님은 좋으신 거 같아. '학생들이 해야 할 일' 2탄은 안 나올 거 같은데……."

"맞아, 엄청나게 숙제를 내 주시지는 않을 거야."

"오늘 학교 끝나고 애들 모아서 축구하자. 내가 한 방에 골대 그물을 뚫어 줄 거야."

드디어 우리 학교 시설이 제 역할을 할 때가 왔네요. 학교 시설이 낡아 갈수록 우리 학교도 열린사회에 가까워지겠지요?

나는 교실 창밖을 바라보면서 다짐했어요.

'나도 열린사회에 걸맞은 열린 사람이 되어야지.'

칼 포퍼가 들려주는 열린사회 이야기
비판과 토론 닫힌 세상을 열다

ⓒ 이한구, 2009

초   판 1쇄 발행일 2009년 1월 8일
개정판 3쇄 발행일 2025년 1월 1일

지은이   이한구
그림   김경미
펴낸이   정은영

펴낸곳   (주)자음과모음
출판등록   2001년 11월 28일 제2001-000259호
주소   10881 경기도 파주시 회동길 325-20
전화   편집부 (02)324-2347 경영지원부 (02)325-6047
팩스   편집부 (02)324-2348 경영지원부 (02)2648-1311
e-mail   jamoteen@jamobook.com

ISBN 978-89-544-4475-0 (73810)

잘못된 책은 구입처에서 교환해드립니다.
저자와의 협의하에 인지는 붙이지 않습니다.

이 책은 『칼 포퍼가 들려주는 열린사회 이야기』(2009)의 개정증보판입니다.